das WeinKochBuch

KOCHEN MIT SPASS UND DEUTSCHEN WEINEN

INHALTSVERZEICHNIS

KOCHEN MIT WEIN

Nicht nur, dass Wein eine Mahlzeit abrundet und Geschmackserlebnisse liefert, die ein Glas Wasser nicht bieten kann – viele Gerichte werden durch Zugabe von Wein verfeinert, bei manchen ist Wein gar notwendig. Das Wein-KochBuch liefert 40 Rezepte, die eines gemeinsam haben: Wein ist eine unverzichtbare Zutat, die den Gerichten ihren unverwechselbaren Charakter gibt.
Doch Wein ist nicht gleich Wein. Im wahrsten Sinne des Wortes ist es offensichtlich, dass Rot- und Weißweine unterschiedliche Nuancen liefern: nicht nur geschmacklich, sondern auch farblich. Aroma- und geschmacksprägend sind aber auch unterschiedliche Rebsorten.

Die Rezepte sind daher nicht in der klassischen Weise nach Vorspeisen, Fischgerichte, Fleischgerichte, etc. sortiert, sondern nach Rebsorten: Kochen mit Riesling, mit Silvaner, mit Dornfelder, etc. Daraus ergeben sich acht Fünfgang-Menus, die alle eine Rebsorte gemeinsam haben. Selbstverständlich lässt sich auch alles beliebig kombinieren: etwa die Riesling-Suppe mit dem Rivaner-Fisch und dem Spätburgunder-Dessert.
Damit nicht genug der Variationsmöglichkeiten. Als z.B. passionierter Riesling-Fan können Sie die zum Kochen empfohlenen Weißweine auch variieren und oft durch Ihre Lieblingssorte ersetzen. Die Speisen werden dadurch etwas andere Geschmacksnuancen erhalten, schmecken werden sie aber trotzdem klasse.

Welche Weine nun ideal zu welchen Speisen passen – dafür gibt es nur wenige eindeutige, dafür um so mehr widersprüchliche Empfehlungen. Sie finden daher in dem Buch keine „ideal passenden Weine", vielmehr Tipps und Anregungen, welche Weine zu den einzelnen Gerichten passen. Das schließt selbstverständlich nicht aus, dass auch ganz andere Kombinationen von Essen und Wein interessant und genussvoll sein können. Letztlich entscheidet nur Ihr Geschmack über den passenden Wein. Dabei kann es auch sehr viel Spaß machen, zu einem Gericht oder einem Menu verschiedene Weine zu entkorken und einfach zu probieren.

Übrigens: Dass der Wein, der zum Kochen verwendet wird, auch zum Essen getrunken werden soll, ist eine der Regeln, die Sie getrost vergessen können. Am meisten Spaß macht es, den „Kochwein" während des Kochens zu genießen.

RIESLING

DER GROSSE KLASSIKER BLEIBT DIE NUMMER EINS IN DEUTSCHLAND

Geschichte

Vermutlich aus einer Auslese von Wildreben am Oberrhein resultiert die deutsche Vorzeigerebsorte, der Weiße Riesling. Die frühe Verbreitung des Rieslings mit ersten Belegen für das 15. Jahrhundert, der Wuchs, die Größe der Traubenbeeren, die lange Reifezeit und Frostfestigkeit zeigen die Verwandtschaft mit den Wildreben. Die längste Rieslingtradition haben wohl die Winzer im Rheingau und an der Mosel.

Bedeutung

Der Riesling wächst in allen deutschen Anbaugebieten und nimmt eine Rebfläche von 21.000 Hektar in Anspruch, das entspricht ca. 21 % der bestockten Rebfläche. Damit hat der Riesling den ersten Platz in der Rebsortenstatistik. Im Rheingau nimmt der Riesling mit 2.500 Hektar fast 80 % der dort verfügbaren Rebfläche in Anspruch. Daneben zählen zu den wichtigsten Riesling-Produzenten die Anbaugebiete Mosel-Saar-Ruwer (5.500 Hektar), Pfalz (4.800 Hektar), Rheinhessen (2.600 Hektar), Württemberg (2.200 Hektar), Baden (1.300 Hektar) sowie die Nahe (1.100 Hektar). In elf von dreizehn deutschen Anbaugebieten gehört der Riesling zu den „Classic"-Rebsorten.

Anbau

Der Riesling ist eine langsam reifende Rebsorte, deren prägendes Element die fruchtige Säure ist. Deshalb ist er prädestiniert für die nördlichen Anbaugebiete, wo er in der späten Herbstsonne seine Reife vollendet. Er stellt die höchsten Ansprüche an die Lage, dafür aber geringe Ansprüche an den Boden.

Je nach Standort bringt er sehr unterschiedlich nuancierte Weine. Optimale Bedingungen bieten die wärmespeichernden steinigen Steillagen entlang der Flusstäler.

Ausbau/Geschmack

Rieslingweine stehen in allen Qualitätsstufen und Geschmacksrichtungen zur Verfügung. Neben unkomplizierten Alltagsweinen bietet sich eine reiche Auswahl an Prädikatsweinen. In den höheren Qualitätsstufen kommen restsüße oder edelsüße Weine häufiger vor, doch werden auch viele Qualitäts- oder Kabinettweine (insbesondere in den nördlichen Anbaugebieten) zur Kompensation der hohen Säure mit einer dezenten Süße ausbalanciert. Der „typische" Riesling zeigt eine blassgelbe, ins grünlich-gelbe tendierende Farbe, im Duft dominieren Pfirsich oder Apfel, im Mund spürt man eine rassige Säure. Die natürliche Säure bietet ein gutes Potenzial zur Versektung. So finden wir in vielen Betrieben Winzersekte vom Riesling. Edelsüße Beerenauslesen oder Eisweine gehören zu den auch international am höchsten gehandelten deutschen Weinen. Die Lagerfähigkeit von Spitzenweinen ist nahezu unbegrenzt.

Genuss

Junge leichte Rieslingweine, je nach Gusto trocken bis fruchtig süß, sind ideale Sommerweine.
Als Speisebegleiter sind gereifte Rieslinge besser geeignet, ja sogar etwas betagte Riesling Spätlesen zeigen beim Essen wieder etwas von ihrer Jugend.
Trockene bis halbtrockene Rieslinge passen besonders gut zu leichten Gerichten, gedünstetem See- und Süßwasserfisch, gekochtem Fleisch mit hellen Saucen und kleinem Hausgeflügel. Halbtrockene bis liebliche Spätlesen harmonieren gut mit Frischkäse. Fruchtig süße Spätlesen oder edelsüße Auslesen sind vorzügliche Begleiter zu fruchtigen Desserts. Altersgereifte edelsüße Auslesen und Beerenauslesen sind die optimalen Aperitifs zu festlichen Menüs.

WEINEMPFEHLUNG:
Damit das Ganze nicht zu schwer wird: Etwas weniger Substanz als diese regionale Spezialität sollten die Weine schon haben. Und gleichzeitig noch spätsommerlichen Pepp bieten, wie dies die Tomatenstücke in der herbstlichen Suppe tun. Ein (halb-)trockener, mittelkräftiger Spätburgunder als Weißherbst, Blanc de Noir oder auch als Extra trocken-Sekt bringt Leichtigkeit auf den Tisch.

NIERSTEINER WEINLIESERSUPPE

ZUTATEN FÜR 4 PERSONEN:

350 g Kartoffeln, 250 g Blumenkohl, 300 g Lauch, 300 g Sellerie, 2 kleine Zwiebeln, 150 g durchwachsener Speck, 2 EL Schweineschmalz, 0,5 l kräftige Bouillon, 0,5 l trockener Riesling, 2 - 3 Tomaten, 125 g Crème fraîche, 2 Eigelb, Muskatnuss, gekörnte Brühe

Garnitur: 125 g geschlagene Sahne, 50 g Weißbrotwürfelchen, 20 - 30 g Butter, gehackte Petersilie, Schnittlauch

ZUBEREITUNG:

- Alle Gemüse schälen und klein schneiden.
- Speck und Zwiebeln würfeln und im Schweineschmalz anbraten.
- Die Gemüse zu dem glasig gedünsteten Speck und den Zwiebeln geben.
- Farblos anschwitzen und mit dem Weißwein ablöschen. Mit der Bouillon auffüllen, so dass alles gut bedeckt ist.
- Langsam etwa 10 Minuten weichkochen. Das Gemüse muss sich mit einer Gabel leicht teilen lassen.
- Die Tomaten abziehen und in kleine Würfel schneiden.
- Das gekochte Gemüse pürieren, indem man es durch die feine Scheibe des Fleischwolfes dreht.
- Mit Muskat und gekörnter Brühe abschmecken, eventuell noch etwas Riesling dazugeben.
- Die Crème fraîche mit den Eigelben verrühren und zusammen mit den Tomatenwürfeln in die Suppe einrühren (legieren) . Die Suppe darf nun nicht mehr kochen.
- Die Butter in einer Pfanne langsam erhitzen und die Weißbrotwürfelchen knusprig goldbraun rösten.
- Die Suppe in Teller füllen und mit der geschlagenen Sahne und den Weißbrotwürfelchen sowie Schnittlauch und Petersilie garnieren.

TIPP:
Das Gemüse nicht mit dem „Zauberstab" pürieren, denn dadurch würde die Suppe wegen der Reaktion der Kartoffelstärke zäh und breiig.

WEINEMPFEHLUNG:
Die Würze der Wurst, die Säure der grünen Äpfel und die Stärke der Erdäpfel: Verschiedene Geschmackswelten vermählen sich. Auch der Riesling duftet nach grünen Äpfeln, doch neben den primären Frucht- sollten reife Aromen das herzhafte und populäre Gericht begleiten. Wie schön, dass wir vor Jahren (halbtrockene) Riesling Spätlesen gekauft und zur Seite gelegt haben.

HIMMEL UND ERDE

ZUTATEN FÜR 4 PERSONEN:

400 g grobe Blutwurst im Naturdarm, 2 Granny Smith-Äpfel, 0,2 l trockener Riesling, 0,1 l Apfelsaft, 3 mittelgroße festkochende Kartoffeln, 200 g Sahne, Butterflocken, Öl zum Braten, Salz, Pfeffer, frisch geriebene Muskatnuss

ZUBEREITUNG:

- Die Kartoffeln vierteln und im Salzwasser weich kochen.
- In der Zwischenzeit den Weißwein in einen Topf geben und zusammen mit dem Apfelsaft und dem Zucker erhitzen.
- Die Äpfel schälen und in dem vorbereiteten Weißweinfond ca. 2 Minuten garziehen lassen.
- Die Blutwurst in 8 gleich große Stücke schneiden und von beiden Seiten gründlich in Mehl wenden.
- Den Backofen auf 150 °C vorheizen.
- Eine beschichtete Pfanne mit Öl ausreiben und vorheizen. Die mehlierte Blutwurst einlegen und von beiden Seiten schön knusprig braten. Danach zum Warmhalten in den Backofen legen.
- Die beiden Äpfel in Spalten schneiden und in der Pfanne von beiden Seiten goldbraun braten. Danach ebenfalls zum Warmhalten in den Backofen legen.
- Die Sahne für das Kartoffelpüree aufkochen. Etwas Salz, Pfeffer und Muskat mit den Butterflocken in die heiße Sahne geben.
- Die weichen Kartoffeln abschütten, mit dem Stampfer zerdrücken, die Sahnemischung nach und nach darüber geben und zügig zu einem glatten Püree verarbeiten.
- Das Kartoffelpüree auf einen Teller geben, Apfelspalten und Blutwurst dazu anrichten.

TIPP:
Der Bratensaft vom Anbraten der Blutwurst und der Äpfel schmeckt sehr gut als Sauce dazu.

WEINEMPFEHLUNG:
Mild und saftig ist der Geschmack des jungen Kalbfleischs. Mild, saftig und jung soll auch der Wein sein. Ein Portugieser Weißherbst oder ein leichter Trollinger für die Schmetterlinge im Bauch. Noch mehr Facetten steuern die Rieslinge der letzten Ernte bei. Ein trockener bis halbtrockener Kabinettwein hält die Leichtigkeit, von der Mosel kann es auch eine Riesling Spätlese sein.

KALBFLEISCH „LUISE“

ZUTATEN FÜR 4 PERSONEN:

1 kg Kalbshals, 1 l Hühnerbrühe, 0,5 l Riesling, 250 g breite Butternudeln, 5 Lorbeerblätter, 6 Nelken, 6 zerdrückte Wacholderbeeren, je 2 EL gewürfelte Karotten, Lauch und Sellerie, 1/2 Zitrone, 300 g Sahne, 4 EL Crème fraîche, 3 Eigelb, 3 Schalotten, 2 EL Kartoffelstärke, etwas Butter

ZUBEREITUNG:

- In einem großen Topf die Hühnerbrühe zum Kochen bringen, das Gemüse und alle Gewürze beigeben. In den kochenden Sud den Kalbshals einlegen, er sollte ganz mit Flüssigkeit bedeckt sein (ggf. etwas Wasser zufügen).
- Das Fleisch nun schön bissfest kochen, wobei der Sud etwa 1 - 1,5 Stunden nur leicht siedet.
- Das fertige Kalbfleisch herausnehmen, abkühlen lassen und in Würfel (ca. 3 cm auf 3 cm) schneiden.
- Die Crème fraîche mit den Eigelben verrühren.
- Die Butternudeln in reichlich Salzwasser kochen.
- In einem Topf die Schalotten in reichlich Butter bei niedriger Hitze farblos anschwitzen, den Saft von einer halben Zitrone beigeben und mit dem Weißwein ablöschen. Mit Sahne auffüllen und mit der Kartoffelstärke leicht abbinden.
- Die Fleischwürfel beigeben, alles bei milder Hitze erwärmen und zum Schluss die Legierung aus Eigelb und Crème fraîche einrühren.
- Das Kalbfleisch auf einem Teller mit den Butternudeln anrichten.

TIPP:
Ein toller Hingucker: Das Kalbfleisch in einem essbaren Töpfchen servieren. Dazu nimmt man Brick-Teig, den es im gut sortierten Handel im Nudelregal gibt. Zwischen zwei Schüsselchen gebacken, ergibt er ein beeindruckendes und leckeres „Gefäß“ für das Kalbfleisch.

WEINEMPFEHLUNG:
Klare Ansage: Weiß muss der Wein sein, trocken, jung, spritzig und erfrischend. Zum Kochen der Meeresfrüchte im Topf und zum Trinken beim Muschel-Essen, das immer ein wenig Eventcharakter hat. Für beide Fälle greifen wir zum Riesling Classic oder Kabinett vom Rhein oder von der Mosel. Da der Abend lang wird, schenken wir gut gekühlt (8 °C) ein.

MIESMUSCHELN IM RIESLINGSUD

ZUTATEN FÜR 4 PERSONEN:

2 kg Miesmuscheln mit Schale, 1,2 l Riesling, 1,2 l Fischfond (Zubereitung siehe Seite 109), 2 Scheiben Zitrone, 2 EL gewürfelte Schalotten, je 3 EL fein gehackte bzw. gewürfelte Karotten, Lauch und Tomaten, je 3 EL Koriandergrün und frischer Oregano, 1 EL Basilikum-Pesto (Zubereitung siehe Seite 109), je 2 EL Petersilie und Staudensellerie

ZUBEREITUNG:

- Die Muscheln in reichlich Wasser abwaschen und abbürsten; manchmal muss das „Bärtchen“ mit einem Messer entfernt werden.
- In einem großen Topf die Schalotten in etwas Olivenöl anschwitzen, anschließend die Muscheln dazugeben und sofort mit Wein und Fischfond ablöschen. Die Zitronenscheiben beifügen und das Ganze im geschlossenen Topf ca. 6 Minuten leicht kochen lassen.
- Den Deckel abnehmen, die gehackten Kräuter und das gewürfelte Gemüse beigeben und nochmals 2 Minuten im offenen Topf köcheln lassen. Kurz vor dem Servieren das Basilikum-Pesto beigeben und mit dem Sud, der alleine schon eine Delikatesse ist, servieren.
- Dazu passt geröstetes Fladenbrot.

TIPP:
Man isst Miesmuscheln grundsätzlich mit der Hand, wobei man sich ein gut geöffnetes Exemplar heraussucht, um damit die anderen Muschelfleischstücke herauszuholen. Sollten einige Muscheln nicht ganz geöffnet sein, Finger weg, sie sind nicht zum Verzehr geeignet!

WEINEMPFEHLUNG:
Ob als Zwischengang oder zum Dessert: Der Rieslingsekt extra trocken für das Granitée muss swingen. Die Alkoholangabe auf dem Etikett sollte unter 12 % vol bleiben. Sie haben die große Auswahl, denn Riesling wächst in allen Anbaugebieten. Doch die lebendigsten Schaumweine findet man am ehesten in nördlichen Regionen, beispielsweise im Rheingau oder an der Mosel.

RIESLINGSEKT - GRANITEE

ZUTATEN FÜR 4 PERSONEN:

4 Zitronen, 160 g Zucker, 0,75 l Rieslingsekt extra trocken, frische Minze zur Dekoration

ZUBEREITUNG:

- Die Zitronen auspressen.
- Zucker, Sekt und den Zitronensaft mischen.
- Die Mischung in eine Metallschüssel geben und in die Tiefkühltruhe stellen.
- Einmal pro Stunde mit der Gabel durchrühren, so dass sich Eiskristalle bilden können.
- Diesen Vorgang wiederholen, bis die gesamte Masse kristallisiert und gefroren ist. Dies dauert bei der angegebenen Menge etwa 5 - 6 Stunden.
- In einem Sektglas servieren, mit Minzeblättern garnieren.

WARNUNG:
Ein beschwingtes Dessert, dessen Alkoholgehalt man nicht unterschätzen sollte.

SILVANER

MEHR ALS EIN SCHOPPENWEIN: DER IDEALE BEGLEITER ZU VIELEN SPEISEN

Geschichte

Die Weinhistoriker vermuten, dass der Silvaner einst aus Wildreben im Donaugebiet ausgelesen wurde. Somit ist als Herkunftsland eher Österreich als Rumänien anzunehmen, worauf die Namensverwandtschaft mit der Region Transsylvanien hindeuten könnte. Doch diese Herkunft ist unwahrscheinlich: der Sylvaner hätte die dortigen kalten Winter nicht überstanden. Belegt ist, dass im Jahr 1665 der Zisterzienser-Abt Alberich Degen aus dem fränkischen Steigerwald die Rebe nach Deutschland brachte. Von Franken aus erreichte sie andere Anbaugebiete wie das heutige Rheinhessen, die Pfalz oder die Nahe. Dabei nannten die katholischen Winzer noch bis vor wenigen Jahrzehnten den Silvaner „Franken“, die evangelischen Winzer dagegen „Österreicher“. Nebenbei bemerkt: im Schweizer Wallis heißt die Sorte Johannisberger, im Elsass Sylvaner.

Bedeutung

Zu Beginn des 19. Jahrhunderts begann die unaufhaltsame Ausbreitung des Silvaners. Er verdrängte alte, minderwertige Sorten, aber auch Gutedel und Elbling, beispielsweise in der Pfalz. Schließlich galt die Rebsorte Mitte dieses Jahrhunderts als wichtigste deutsche Rebsorte: mehr als jede zweite Rebe war ein Silvanerstock. Der kontinuierliche Anbaurückgang der letzten Jahrzehnte, insbesondere zugunsten des Müller-Thurgau, ließ den Flächenanteil des Silvaners auf derzeit 6 Prozent sinken. Auf diesem Niveau von knapp 6.000 Hektar scheint sich die Traditionssorte zu stabilisieren. Insbesondere in Rheinhessen erlebt sie eine gewisse Renaissance. Der „Rheinhessen Silvaner“ wächst auf fast 2.700 Hektar. Zudem stehen in Franken 1.200 Hektar Silvanerweinberge, in der Pfalz rund 1.100 Hektar. Fast nochmals 400 Hektar kommen an der Nahe hinzu. Auch die badische Weinbaugemeinde Ihringen fühlt sich besonders dem Silvaner verbunden.

Anbau

Der Silvaner stellt höhere Ansprüche an den Boden als der Riesling. So gibt er sich nicht mit trockenen oder steinigen Böden zufrieden. Silvaner ist empfindlich gegen Winterfrost, was gerade die fränkischen Winzer immer wieder erleben müssen. Er kann hohe Erträge liefern für unkomplizierte Alltagsweine oder auch Exportweine wie Liebfraumilch. Andererseits liefert er gehobene und höchste Prädikatsweine bei entsprechender Ertragsreduzierung. Beeren- und Trockenbeerenauslesen erreichen bei der DLG-Prämierung große Preise.

Ausbau/Geschmack

Silvaner gilt an frostfreien Standorten als ertragssicher mit einer mittleren Reifezeit. Er liefert eher neutrale Weine mit einer milderen Säure als beispielsweise der Riesling. Silvaner sind in der Farbe meist recht hell, haben einen dezenten, mitunter erdigen Duft und einen mittleren Körper. Vielfach treffen auch die Eigenschaften „saftig“, „vollmundig“ oder „wuchtig“ zu, gerade wenn die Reben auf schweren Böden stehen. Die Vinifizierung erfolgt gewöhnlich im Edelstahlbehältnis, bei Spät- und Auslesen teilweise auch im (kleinen) Holzfass.

Genuss

Wir können Schoppenweine und Speisenbegleiter unterscheiden. Die herzhaften Varianten schmecken auch zu kräftiger, regionaler Küche. Geschliffene Silvaner aus Franken sind wunderbare Fischbegleiter, aus Rheinhessen und der Pfalz passen sie besonders zum Spargel. Meist werden Weine aus den letzten zwei Jahrgängen bevorzugt.

WEINEMPFEHLUNG:
Cappuccino mit Sahne einmal anders. Gewöhnlich sanft schmeichelnd, kommen hier kontrastierende Beigaben dazu: intensiver, frühlingsfrischer Bärlauch, Zitrone, Garnelen. Das Waldkraut harmoniert mit der typischen, vegetativen Kräuternote des Silvaners, ein junger Jahrgang wie der Rheinhessen Silvaner RS oder ein Silvaner Classic aus dem gleichen Anbaugebiet passen.

BÄRLAUCH-CAPPUCCINO

ZUTATEN FÜR 4 PERSONEN:

0,3 l kräftige Hühnerbrühe, 0,3 l Silvaner, 400 g Sahne, Saft von 1 Zitrone, 1 TL Kartoffelstärke, 2 Bund Bärlauch, 100 g Butter, 2 Eigelb, 1 kleingehackte Knoblauchzehe, 100 g Garnelen, Salz, Pfeffer, Muskat

ZUBEREITUNG:

- Die Butter mit den Eigelben aufschlagen, die Gewürze und den Zitronensaft unter ständigem Rühren dazugeben.
- Mit der Moulinex den kleingehackten Knoblauch und den Bärlauch unter die Butter arbeiten. Danach die Bärlauchbutter kalt stellen, bis sie fest ist.
- Eine kleine Pfanne vorheizen, die Garnelen mit etwas Salz und Zitronensaft würzen und in der heißen Pfanne kurz anbraten; sie sollen noch glasig sein.
- Die Hühnerbrühe mit dem Weißwein aufkochen, den Zitronensaft dazugeben und kurz aufkochen lassen. Die Sahne eingießen und die Suppe mit etwas Kartoffelstärke abbinden.
- Anschließend mit der Bärlauchbutter aufmixen, bis sie schön schaumig ist wie ein Cappuccino.
- In Suppentassen anrichten.
- Die gebratenen Garnelen auf dünne Spieße (zur Not geht dafür auch Blumendraht) aufspießen und schräg in die Suppentassen stellen.

TIPP:
Bärlauchbutter ist nicht nur zur Zubereitung dieser Suppe ein Genuss, sondern schmeckt auch wunderbar als Brotaufstrich.

WEINEMPFEHLUNG:
Nicht nur in der Gluthitze Andalusiens, auch im deutschen Hochsommer kommt diese kalte Suppe zur rechten Zeit auf den Tisch. Farblich korrekt dazu: ein – selbstverständlich gekühlter – Portugieser Classic oder halbtrockener Weißherbst. Passt auch zum Schafskäse.

TOMATEN-GAZPACHO

ZUTATEN:

9 Tomaten, 1 Salatgurke, 1 Bund Staudensellerie, 1 Zucchini, 1 rote Paprika, ½ grüne Paprika, 1 gewürfelte Schalotte, 3 Knoblauchzehen, 3 Scheiben Toastbrot ohne Rinde (ungetoastet), 0,2 l Silvaner, 300 g Schafsmilchkäse, 3 EL Olivenöl, 3 EL Crème double, 2 EL Basilikum-Pesto (Zubereitung siehe Seite 109), etwas Tabasco, 4 schöne Basilikumspitzen, je ein EL gehackten Schnittlauch, Kerbel und Petersilie, Salz, Pfeffer

ZUBEREITUNG:

- Die Tomaten kreuzweise anritzen, mit heißem Wasser übergießen und häuten.
- Den Wein mit dem Olivenöl und einer roten Paprikahälfte, den Schalottenwürfeln, dem Toastbrot, dem Knoblauch und 4 grob gewürfelten Tomaten vermischen.
- Die Mischung im Mixer fein zerkleinern, bis sich alles gut verbunden hat.
- Die zweite Paprikahälfte, die grüne Paprika, die Zucchini, den Sellerie und eine enthäutete Tomate in kleine Würfel schneiden.
- Von den restlichen 4 enthäuteten Tomaten einen Deckel abschneiden.
- Den Schafskäse etwas abtropfen lassen und mit der Crème double verrühren. Salz, Pfeffer und das Basilikum-Pesto dazu geben. Nach Belieben mit Tabasco abschmecken und die gehackten Kräuter unterheben.
- Die Hälfte des klein geschnittenen Gemüses mit der Käsecreme vermischen und in die Tomaten füllen.
- Die Tomaten in die Mitte eines Suppentellers stellen, die Gazpacho hinzugeben und die restlichen Gemüsewürfel darauf verteilen. Mit den Basilikumspitzen garnieren.

TIPP:
Gazpacho eignet sich sehr gut als Erfrischung in der heißen Jahreszeit.

WEINEMPFEHLUNG:
Locker aus der Hüfte – da kommt der Tafelspitz her – denkt man an Rotwein. Halbtrockener Portugieser mag noch angehen. Aber: Pikanter und feinwürziger Senf und scharfe Zwiebeln lassen einen Weißwein besser zur Geltung kommen. Der ist mittelkräftig, kommt vielleicht als grundsolider Franke daher – nicht fränkisch trocken, eher halbtrocken – und wurde von reifen Silvanertrauben gekeltert.

TAFELSPITZ MIT KNUSPRIGEN ZWIEBELN UND SENFKÖRNERDIPP

ZUTATEN FÜR 4 PERSONEN:

1 kg Tafelspitz (vom Jungbullen) – am Vortag kochen, 1 l Hühnerbrühe, 0,5 l Silvaner, je 100 g grob gewürfelte Karotten, Sellerie, Lauch und Zwiebeln, 6 Lorbeerblätter, 10 zerdrückte Wacholderbeeren, Salz, Paprikapulver, Mehl zum Wenden, 3 große scharfe Zwiebeln, 150 g Crème fraîche, 3 EL grob körniger Dijon-Senf, Essiggurken, 4 EL Tomatenwürfel, Fett zum Frittieren

VORBEREITUNG:

- Die Hühnerbrühe, den Silvaner, die gewürfelten Gemüse, Lorbeer, Wacholderbeeren und Salz in einen großen Topf geben und aufkochen.
- Den Tafelspitz in die kochende Brühe einlegen, 2 Minuten kochen lassen, mit einem Löffel den gebildeten Schaum abheben und die Brühe ganz sanft köcheln lassen.
- Das Fleisch ca. 1 ½ bis 2 Stunden gar ziehen lassen. Am besten mit einer Fleischgabel testen, um das Fleisch möglichst wenig zu verletzen.
- Den Tafelspitz herausnehmen und über Nacht in ein feuchtes Küchenhandtuch eingeschlagen in den Kühlschrank legen, dann bleibt das Fleisch schön saftig und schmeckt nicht nach Kühlschrank. Den Kochfond aufbewahren; er wird für die Zubereitung der Senfsauce benötigt.

ZURBEREITUNG:

- Für die Senfsauce die Crème fraîche in eine Rührschüssel geben und mit dem Handrührgerät zu einer ganz festen cremigen Masse rühren – je länger gerührt wird, desto fester wird die Masse.
- Den Dijon-Senf einrühren und vom kalten Kochfond des Tafelspitz dazugeben, bis die gewünschte Konsistenz erreicht ist.
- Die Fritteuse vorheizen oder Fett in einem möglichst schmalen, hohen Topf erhitzen. Vorsicht, das Öl benötigt Platz zum Hochsteigen.
- Die geschälten Zwiebeln halbieren, in dünne Scheiben schneiden, in Mehl wenden und anschließend in ein Sieb geben, um das überschüssige Mehl abzuschütteln. Die Zwiebeln mit Paprika bestreuen und im Fettbad ausbacken.
- Den kalten Tafelspitz in dünne Scheiben schneiden, mit Senf bestreichen, im Mehl wenden und in einer beschichteten Pfanne mit wenig Fett goldbraun braten.
- Das Fleisch auf den frittierten Zwiebeln anrichten. Mit der Senfsauce umgießen und mit Essiggurken und Tomatenwürfeln garnieren.

TIPP:
Die Senfsauce ist ganz einfach und man kann sie auch stark verdünnt als Salatdressing verwenden. Der Kochfond des Tafelspitz gibt mit ein paar Flädle eine tolle Suppe ab.

WEINEMPFEHLUNG:
Mango, der Apfel der Tropen, und die Früchte des Meeres kommen bei diesem asiatisch inspirierten Gericht zusammen. Und Weißweine im Glas besonders gut zur Geltung. Das süßsaure Chutney passt besonders zum halbtrockenen Wein. Eine spät gelesene Scheurebe und gold-gelber, reifer Riesling lassen mit Mangoaromen am Tisch die Sonne der Tropen aufgehen

SESAMGARNELEN MIT MANGOCHUTNEY

ZUTATEN FÜR 4 PERSONEN:
1 kg geschälte Riesengarnelen, 30 g Kartoffelstärke, 1 Ei, 60 g Semmelbrösel, 60 g Sesam, 2 reife Mangos, 2 Schalotten, 2 Knoblauchzehen, 1 TL rosa Pfefferkörner, 4 cm Zimtstange, 0,1 l trockener Silvaner, 150 g Zucker, Öl zum Frittieren, Salz, Pfeffer, Currypulver

ZUBEREITUNG:

- Die Mangos mit einem Sparschäler schälen und in 2 cm große Würfel schneiden. Auch die Zwiebeln und den Knoblauch schälen und fein würfeln. Wenn die Mangos noch nicht reif sind, einfach in Zeitungspapier einwickeln und für 2 bis 3 Minuten in der Mikrowelle „ausreifen“ lassen.
- Für das Chutney die Mangowürfel, die Zwiebeln und den Knoblauch zusammen mit dem Wein, den Pfefferkörnern, den Zimtstangen und dem Zucker in einen Topf geben und langsam unter ständigem Rühren zum Kochen bringen, bis es dicklich wird. Vom Feuer nehmen und die Zimtstange entfernen.
- Die Garnelen am Rücken von oben nach unten ca. 2 mm tief einschneiden und den Darm entfernen. Gut auswaschen und mit einem Papiertuch trocken tupfen. Mit Salz, Pfeffer und etwas Curry würzen und gleichmäßig in der Kartoffelstärke wenden.
- Danach in dem geschlagenen Ei und der Semmelbrösel-Sesam-Mischung wenden und gut andrücken.
- Einen großen Topf zu einem Drittel mit Öl füllen, auf 180 °C (siehe „Tipp“) erhitzen und die Garnelen frittieren. Sie sollten, je nach Größe, in etwa 2 - 4 Minuten goldbraun sein. Nach dem Frittieren auf einem Küchentuch abtropfen lassen.
- Das Chutney warm oder kalt zu den Garnelen servieren.

TIPP:
Die gewünschte Temperatur kann man mit der Frittier-Probe überprüfen: Einfach ein paar Sesamkörner einstreuen. Ist das Öl heiß genug, steigen Bläschen auf.

WEINEMPFEHLUNG:
Und dazu ein Glas Sekt! Prickelnd-fruchtig ist schon das Dessert, das wohl auch beim sommerlichen Kaffeeplausch gefällt. Lassen wir also die Espressomaschine aus und entkorken einen wohlwollend dosierten Silvanersekt vom Winzer. Wer lieber weiter in Beerenfrüchten schwelgen will, greift zum edelsüßen Roten.

WEINGELEE MIT SOMMERFRÜCHTEN

ZUTATEN FÜR 4 PERSONEN:

0,25 l Silvaner, 0,25 l Winzersekt, 250 g Früchte (am besten Brombeeren, Himbeeren, Melone, Orangen, Heidelbeeren), 250 g Zucker, 15 Blatt Gelatine

ZUBEREITUNG:

- Zuerst die Formen bereitstellen, in denen das Gelee fest werden soll.
- Silvaner und Zucker leicht erwärmen, damit sich die Zuckerkristalle lösen können.
- Die Gelatine in kaltem Wasser einweichen, danach in dem noch warmen Zucker-Weißwein-Gemisch auflösen, den Sekt dazugeben und alles gut mischen.
- Die Früchte kleinschneiden. Falls sie viel Saft enthalten, vorher auf einem Sieb abtropfen lassen. In eine Schüssel geben und mit dem Fond leicht vermischen.
- Danach den Fond mit den Früchten in die bereitgestellten Förmchen geben und mit so viel Fond auffüllen, dass die Früchte vollständig bedeckt sind.
- Im Kühlschrank fest werden lassen und vor dem Servieren auf einen Teller stürzen.

TIPP:
Zum sicheren Stürzen die Förmchen ganz kurz in einen Topf mit kochendem Wasser halten, dann löst sich das Gelee gut von der Form.

RIVANER

RIVANER:
UNKOMPLIZIERTER GENUSS

Geschichte

Mit einer Geschichte von mehr als hundert Jahren gilt der Müller-Thurgau als älteste und gleichzeitig erfolgreichste Neuzüchtung. Professor Hermann Müller aus dem Schweizer Kanton Thurgau verdankt sie ihre Existenz und ihren Namen. Müller, der von 1850 bis 1927 lebte, züchtete in der Forschungsanstalt Geisenheim diese Rebsorte. Neuere Genuntersuchungen deuten zweifelsfrei darauf hin, dass ihm dies durch eine Kreuzung von Riesling x Madeleine royale gelang.
In der schweizerischen Forschungsanstalt Wädenswil wurde die Sorte weiterentwickelt und 1913 nach ihrem Züchter benannt. Das Synonym Rivaner ist eine Kurzfassung der Worte Riesling und Silvaner. Diese beiden Sorten sah man lange Zeit als Eltern des Müller-Thurgau an.

Bedeutung

In der deutschen Weinlandschaft gab der Müller-Thurgau seine Führungsposition in den neunziger Jahren an den Riesling ab. Doch mit einem Flächenanteil von rund 16 Prozent hat der Rivaner nach wie vor eine überragende Bedeutung im deutschen Weinbau. Dass er heute auf 16.000 Hektar wächst, verdankt er unter anderem seinen vielfältigen Einsatzmöglichkeiten und seiner unproblematischen Zugänglichkeit auch für Nichtweinkenner. Zudem stellt die Müller-Thurgau-Rebe keine großen Ansprüche bezüglich des Standorts und gilt als ertragssicher.

Anbau

Müller-Thurgau-Reben stehen in fast allen deutschen Anbaugebieten. In sieben von dreizehn deutschen Weinbaugebieten zählen sie gar zu den „Classic"-Rebsorten. Die größten Flächen haben wir in Rheinhessen mit 4.700 und Baden mit 3.300 Hektar; nicht viel weniger sind es in der Pfalz (2.900 ha). In Franken sind rund 2.200 Hektar

und an der Mosel rund 1.500 Hektar mit Müller-Thurgau bestockt, an der Nahe 700 Hektar. Die in den achtziger Jahren eingeführte Beschränkung der zulässigen Erträge je Hektar Weinberg hat sich gerade für den Müller-Thurgau, der zu hohen Erträgen neigt, sehr positiv ausgewirkt. Bei geringerem Anschnitt zeigt die Sorte ihr wahres Qualitätspotenzial.

Ausbau/Geschmack

Die Rebsorte reift früh und liefert süffige, manchmal blumige, mit einem feinfruchtigen Muskataroma versehene Weine. Die Säure fällt eher mild, bei Weinen nördlicher Herkunft mitunter auch etwas betonter aus. Der Ausbau erfolgt meist in Edelstahltanks, mit denen gut die Frische und der Sortenduft erhalten werden kann. Meist handelt es sich um trockene oder restsüße Qualitätsweine. Der Müller-Thurgau ist - von Ausnahmen abgesehen – kein lagerfähiger Wein und schmeckt in den ersten Jahren nach der Ernte am besten. Hier und da werden auch „sur lie"-Weine angeboten, die bis kurz vor der Abfüllung auf der Feinhefe lagen.

Genuss

Die unkomplizierten Weine sind geschmacklich leicht zugänglich und werden aufgrund ihrer harmonischen Charaktereigenschaften gerne getrunken. In der Farbe sind sie blassgelb bis hellgelb und mit einem mittleren Körper. Tragen sie die Bezeichnung Rivaner auf dem Etikett, so kann man davon ausgehen, dass es sich um einen trockenen, eher jugendlichen, leichten und frischen Wein handelt. Müller-Thurgau-Weine sind meist unkomplizierte Alltagsweine und sie eignen sich zu zart-aromatischen Speisen.

WEINEMPFEHLUNG:
Ein trendiger Sommersalat mit vielseitigem Geschmacksspektrum: scharf von würzigem Rucola und Parmesan, süßsauer von karamellisierten Äpfeln, dazu Trauben-süß. Junge Rivaner duften zwar nach grünem Apfel. Doch hier passen nur reife, kräftige und restsüße Müller-Thurgau in Spät- und Auslesequalität.

RUCOLA MIT KARAMELLISIERTEN APFELSPALTEN

ZUTATEN FÜR 4 PERSONEN:

5 Bund Rucola Salat, 100 g junger Parmesan am Stück, 2 EL milder Balsamico-Essig, 2 Granny Smith-Äpfel, 100 g Zucker, 0,1 l Rivaner, 0,1 l Traubenlikör, 0,1 l Traubensaft, 1 EL Butter, 1 türkisches Fladenbrot

ZUBEREITUNG:

- Die Äpfel schälen und achteln, das Kerngehäuse herausschneiden.
- Den Zucker in einem kleinen Topf langsam schmelzen und goldbraun werden lassen, die Butter dazugeben und mit dem Rivaner und dem Traubensaft ablöschen. Wenn sich der Zucker vollkommen aufgelöst hat und der Karamell dickflüssig eingekocht ist, die Apfelspalten dazugeben und bissfest kochen.
- Den Backofen auf 200 °C vorheizen.
- Den Rucola putzen und waschen, trockenschleudern und auf vier Tellern verteilen.
- Den Parmesankäse mit der Küchenreibe grob hobeln.
- Das Fladenbrot 2 Minuten im Backofen knusprig werden lassen.
- Den Traubenlikör in die Karamelläpfel geben und kurz verrühren.
- Die Äpfel mit der Karamellsauce auf dem Salat verteilen.
- Den geriebenen Parmesankäse und etwas Balsamico-Essig darüber geben.
- Dazu das Fladenbrot reichen.

TIPP:
Die karamellisierten Äpfel sind zusammen mit Vanille-Eis ein toller Nachtisch.

WEINEMPFEHLUNG:
Curry und Südfrüchte machen die leckere Sauce des Sommergerichts aus. Reichlich Sahne paart sich mit der Säure des O-Safts. Es passt der Kochwein, falls der halbtrockene, duftige Rivaner in Kabinett- oder Spätlesequalität entkorkt wurde. Ebenfalls geeignet in gleicher Qualität und Geschmacksrichtung: eine Scheurebe mit exotischer Feinfruchtigkeit oder auch ein Kerner. Der geht mit Säure und dem Duft nach Orangenkonfitüre auf die Sauce zu.

TIPP:
Damit die Filets noch knuspriger werden, kann man sie während des Anbratens mit einem Teller beschweren.

HÄHNCHENBRUSTFILET MIT CURRYSAHNE

ZUTATEN FÜR 4 PERSONEN:

4 Hähnchenbrustfilets à 150 g, 2 klein gewürfelte Zucchini, 2 enthäutete und gewürfelte Tomaten, 4 fein gewürfelte Schalotten, 1 fein geriebener süßer Apfel, 1 Banane, Saft und abgeriebene Schale von einer Orange, 0,2 l Rivaner, 200 g Sahne, 2 EL Currypulver, 2 EL Butter, Salz, Pfeffer, etwas Olivenöl, 1 TL Kartoffelstärke

ZUBEREITUNG:

- Die Schalotten in Butter glasig anschwitzen. Das grob geschnittene Obst und den Orangensaft dazugeben, mit dem Currypulver bestäuben und mit dem Weißwein ablöschen. Die Sauce für ca. 20 Minuten ziehen lassen – sie sollte dabei nicht kochen.
- Die Hähnchenbrustfilets waschen und mit Küchenpapier trockentupfen.
- Den Backofen auf 180 °C vorheizen.
- In einer Pfanne mit mäßiger Hitze die Filets in etwas Olivenöl von allen Seiten goldbraun braten und anschließend für 6 - 8 Minuten in den Backofen legen. Ein Stückchen Butter auf jedem Filet verfeinert den Geschmack zusätzlich.
- Die Currysauce mit dem Zauberstab durchmixen, danach durchsieben und anschließend die Sahne beigeben. Etwas einreduzieren lassen und mit der Kartoffelstärke abbinden. Zum Schluss die geriebene Orangenschale, die Zucchini und die Tomatenwürfel zur Sauce geben.
- Die Hähnchenbrustfilets in Scheiben anrichten und mit der Currysauce umgießen.
- Dazu passt Reis oder, wenn es schnell gehen soll, frisches Baguette.

WEINEMPFEHLUNG:
Unten im Fluss schwimmen die Fische und am Hang reifen die Trauben für den passenden Wein. So soll es sein. Wir haben saftigen Edelfisch auf dem Teller – in der Version „Picante". Da bestehen nur Weine der gehobenen Mittelklasse. Es passen milde, gereifte, halbtrockene aromatische Spätlesen, beispielsweise vom Rivaner oder vom Chardonnay, ebenso weiße und rote Burgunder.

ZANDER MIT RATATOUILLE UND FEINEN NUDELN

ZUTATEN FÜR 4 PERSONEN:

4 große Zanderfilets mit Haut (ohne Schuppen), 1 Päckchen chinesische Eiernudeln, 10 reife Tomaten, 1 gewürfelte rote Paprikaschote, 1 gelbe Paprikaschote, 2 Zucchini, 1 gewürfelte rote Gemüsezwiebel, 1 zerdrückte Knoblauchzehe, 0,3 l trockener Rivaner, 0,2 l Sangrita Picante, 3 EL Basilikum-Pesto (Zubereitung siehe Seite 109), 1 EL Butter, Salz, Pfeffer, 1 EL Olivenöl

ZUBEREITUNG:

- Die Eiernudeln in reichlich Salzwasser mit etwas Olivenöl kochen.
- Tomaten, Paprika und Zucchini in Würfel schneiden.
- Die Zwiebelwürfel und den gedrückten Knoblauch in etwas Olivenöl anschwitzen, die Gemüsewürfel dazugeben und mit anschwitzen.
- Mit dem Rivaner ablöschen, mit Sangrita auffüllen und bissfest kochen. Zum Schluss das Basilikum-Pesto beigeben und alles mit Salz und Pfeffer würzen.
- Den Zander vom Grätenstrang befreien (siehe „Tipp"). Den Fisch würzen, in Mehl wenden (mit Kartoffelstärke wird er noch knuspriger), mit der Hautseite nach unten in eine heiße Pfanne mit etwas Olivenöl einlegen und mit einem Teller beschweren, so dass der Fisch sich nicht wölben kann.
- Den Zander nur auf der Hautseite 2 bis 3 Minuten garen; er soll goldbraun und knusprig werden.
- Die gekochten Nudeln in Butter mit etwas Salz schwenken. Auf einen großen Teller geben, das Ratatouille darum verteilen und den Zander in die Mitte platzieren.

TIPP:
Zum Entgräten streicht man mit dem Finger mittig gegen die Faser am Fischfilet entlang und entfernt dann die Gräten mit einem sauberen Schnitt.

PFALZ

WEINEMPFEHLUNG:
Ein verführerisches Dessert wie in tausendundeiner Nacht: orientalische Gewürze mit ihrer schweren Süße, zitroniger und gleichzeitig sehr scharfer Ingwer – garniert mit fruchtiger Farben- und Geschmacksvielfalt. Da will der Wein nicht zurückstehen. Er punktet mit leichter Restsüße, viel Schmelz und reichen Aromen. Vom Riesling über Grauburgunder bis zu Scheurebe und Muskateller.

EXOTISCHES FRUCHTSÜPPCHEN

ZUTATEN FÜR 4 PERSONEN:

0,5 l Rivaner, 0,5 l Wasser, 300 g Zucker, 4 Sternanis, 25 g frischer oder 50 g eingelegter Ingwer, 10 frische Minzeblätter, 8 zerdrückte Kardamom-Körner, 1 längs halbierte Vanilleschote, 1 Zimtstange, frische Früchte nach Belieben

ZUBEREITUNG:

- Alle Zutaten – außer den Früchten – in einen Topf geben, aufkochen und (am besten über Nacht) in einem geschlossenen Gefäß im Kühlschrank abkühlen lassen.
- Am nächsten Tag den Sud abpassieren (über ein Sieb laufen lassen).
- Die frischen Früchte dekorativ in Spalten oder Scheiben zerteilen und in einem Suppenteller anrichten. Das Fruchtsüppchen vorsichtig darüber geben.

TIPP:
Sehr lecker schmeckt ein Zitronen-Sorbet oder Zitroneneis dazu.

WEISSBURGUNDER

WEISSER BURGUNDER: LEICHTER SOMMERWEIN UND IDEALER MENÜBEGLEITER

Geschichte

Beim Weißen Burgunder handelt es sich um eine Mutation aus der Burgunderfamilie. Der Blaue Burgunder (Pinot Noir) wird als Urform des Burgunders angesehen. Beim Grauburgunder handelt es sich um eine helle Knospenmutation des Blauen Spätburgunders, der Weiße Burgunder kann als Fortsetzung dieser Mutation über den Grauen Burgunder betrachtet werden. Bis zum Beginn der Traubenreife lassen sich diese drei echten Burgundersorten kaum unterscheiden, mit zunehmender Reife entwickeln sich die Ausprägung der Traubenfarbe und die Duft- und Geschmackskomponenten. Nachweislich bekannt ist der Pinot Blanc seit dem 14. Jahrhundert.

Bedeutung

Nicht nur hier zu Lande, sondern auch bei unseren Nachbarn ist der Weißburgunder vertreten. In Frankreich heißt die Sorte Pinot Blanc, in Italien Pinot Bianco, auch in Österreich, der Schweiz oder Slowenien ist die Sorte verbreitet. Die deutschen Winzer entdecken mehr und mehr den Wert dieser eleganten Rebsorte. Mehr als 3.000 Hektar oder 3 Prozent der deutschen Rebfläche sind derzeit mit der Sorte bestockt, die überall dort gedeiht, wo es für den Riesling schon zu heiß ist.
Seit mehreren Jahrzehnten beobachten wir einen stetigen Aufwärtstrend, eine Verdoppelung der Rebfläche innerhalb des letzten Jahrzehnts. Baden gilt mit mehr als 1.100 Hektar als eine Hochburg des Weißburgunders, ebenso die Pfalz mit mehr als 700 und Rheinhessen mit fast 600 Hektar. Erwähnenswerte Bedeutung besitzt der Weiße Burgunder auch an Nahe und Mosel.

Anbau

Auch die Ansprüche des Weißburgunders an Boden und Klima deuten auf die Verwandtschaft mit dem Spätburgunder hin. Diese Ansprüche sind hoch: Bevorzugt werden warme, möglichst

tiefgründige und kräftige Böden sowie exponierte, trocken-warme Lagen. Die Sorte bereitet im Anbau wenig Probleme und kann durch eine lange Reifezeit hohe Mostgewichte erreichen.

Ausbau/Geschmack

Der Weißburgunder präsentiert sich im Glas blass- bis hellgelb, im Duft zart und verhalten. Typisch ist sein leicht nussiges Aroma. Trocken ausgebaut passt er mit mittlerem bis kräftigem Körper und einer feinrassigen Säure zu vielen Speisen. Im Spät- und Auslesebereich werden auch Barriquefässer zum Ausbau benutzt. Zudem sind edelsüße Weine und erfrischende Weißburgundersekte in begrenzter Anzahl verfügbar.

Genuss

Elegante Weißburgunder in der trockenen Geschmacksrichtung, mit frischer Säure und feiner Frucht sind ideale Menüweine. Neben leichten Sommerweinen finden sich kraftvolle Abfüllungen bis hin zur trockenen Auslese. Nicht übertrieben alkoholreich besitzt der Weißburgunder ein dezentes Aroma, das häufig an grüne Nüsse, Apfel, Birne, Quitte, Aprikose, Zitrusfrüchte oder frische Ananas erinnert. Mäßiger Körper und eine angenehm erfrischende Säure zeichnen ihn als vielseitig verwendbaren Menüwein aus. Er ist damit gut geeignet zu Meeresfrüchten, Fisch, Kalb- und Schweinefleisch sowie Geflügel, oder einfach als gut gekühlter Terrassenwein. Extraktreichere Varianten und Barriqueweine passen auch zu Lamm oder zarten Gerichten vom Jungwild.

WEINEMPFEHLUNG:
Der Pfifferling ist ein Sammlerobjekt. Mit der Vorfreude auf einen gelungenen Menüauftakt in Wäldern gesucht und gefunden. Zart geschmort bleiben des Pilzes delikate Aprikosenaromen und etwas Pfeffergeschmack erhalten. Wie in trockenen Spätlesen vom Weiß- oder Grauburgunder. Ebenfalls mehr als einen Pfifferling wert: ein Silvaner der Selection Rheinhessen.

PFIFFERLINGRAHMSÜPPCHEN

ZUTATEN FÜR 4 PERSONEN:

300 g (möglichst kleine) geputzte Pfifferlinge, 4 zerdrückte Knoblauchzehen, 3 gewürfelte Schalotten, 0,3 l Hühnerbrühe, 0,3 l Weißburgunder, 400 g Sahne, 80 g Butter, 2 EL Basilikum-Pesto (Zubereitung siehe Seite 109) oder gehackte Petersilie, Salz, Pfeffer, Muskatnuss

ZUBEREITUNG:

- Die Schalotten zusammen mit dem Knoblauch in der Butter glasig anschwitzen.
- Die Pilze dazugeben und kurz mit anschwitzen. Mit Salz, Pfeffer und etwas Muskat würzen. Einige Pilze zur Dekoration beiseite legen.
- Mit dem Weißwein ablöschen, die heiße Hühnerbrühe darüber geben und mit dem Zauberstab leicht pürieren. Die Pilze sollen noch als kleine Stückchen sichtbar sein.
- Die Sahne beigeben und mit Basilikum-Pesto oder Petersilie abschmecken.
- Die Suppe in Tellern anrichten und mit den restlichen Pilzen dekorieren.

TIPP:
Pfifferlinge (und alle anderen Pilze) sollten nach Möglichkeit ohne Wasser von Schmutz und Sand befreit werden.

WEINEMPFEHLUNG:
Ein leichter, unbeschwerter Menüauftakt mit der Frische von Dill und Crème fraîche, garniert mit Rauchnoten vom Lachs. Ein trockener, leichter Kabinettwein wie der Weißburgunder fügt sich stilistisch ein, hat ausreichend, aber nicht zu viel animierende Säure und eine auf das Tellergericht fein getunte Aromatik. Ebenso wie ein in der Flasche gereifter Weißburgunder Winzersekt.

KLEINER KRÄUTERCREPE MIT RÄUCHERLACHS

ZUTATEN FÜR 4 PERSONEN:

50 g Mehl, 1 Ei, 6 EL Milch, 2 EL handwarme geklärte Butter, 8 Scheiben Räucherlachs, je 1 EL gewaschene und kleingehackte Petersilie, Schnittlauch, Dill und Kerbel, Olivenöl zum Braten, 6 EL Crème fraîche, 2 EL Sahne, 6 EL trockener Weißburgunder, ein Spritzer Tabasco, Salz, Pfeffer, Muskat

ZUBEREITUNG:

- Für den Crêpeteig das Mehl, die Butter, das Ei und die Milch zügig zu einem zähflüssigen Teig verarbeiten. Die Hälfte der Kräuter unterrühren und eine halbe Stunde ruhen lassen.
- Die Crème fraîche in einer Schüssel mit dem Handrührgerät rühren, bis sie fest wird, dann die Sahne, den Wein und Tabasco zugeben. Zum Schluss die restlichen Kräuter dazugeben.
- Die Crêpes in einer sehr heißen Pfanne mit etwas Olivenöl braten. Die Teigmenge ergibt 6 Crêpes.
- Die Crêpes mit der Kräuter-Crème fraîche bestreichen, je 1½ Scheiben Räucherlachs darauf legen und zügig möglichst fest zusammenrollen.
- Die Crêpes diagonal in breite Scheiben schneiden und dekorativ anrichten.

TIPP:
Schmeckt besonders lecker mit frischen Salaten der Saison.

WEINEMPFEHLUNG:
Es ist die Sauce, die einen bestimmten Weintyp fordert. Beim Ochsenschwanzragout ist sie kräftig, mit süßlichen Noten von Preiselbeeren. Die angerösteten Kartoffelplätzchen passen zum mächtigen Gesamtauftritt des winterlichen Gerichts. Aus dem Keller kommt ein gewichtiger Burgunder auf den Tisch. Ob rot oder weiß, der Pinot soll nachhaltig sein.

OCHSENSCHWANZRAGOUT MIT KARTOFFELPLÄTZCHEN

ZUTATEN FÜR 4 PERSONEN:

2,5 kg Ochsenschwanz (an den Knorpelstellen geschnitten), je 100 g grob gewürfelte Karotten, Sellerie, Zwiebel, Lauch, 1,5 l Weißburgunder, 1,5 l Hühnerbrühe, 60 g Tomatenmark, 60 g Preiselbeerkonfitüre, 6 Lorbeerblätter, 10 zerdrückte Wacholderbeeren, je 1 großer Zweig Rosmarin und Thymian, Öl zum Braten

Die Zutaten und das Rezept für die Kartoffelplätzchen finden Sie auf Seite 106.

ZUBEREITUNG:

- Die Ochsenschwanzstücke gleichmäßig mit Salz und Pfeffer würzen. In wenig Öl von allen Seiten kräftig anbraten, die Gemüsewürfel dazugeben und mitrösten.
- Den Bratensatz mit etwas Weißburgunder ablöschen, das Tomatenmark einrühren und leicht anrösten, danach mehrmals mit dem Weißburgunder ablöschen und einreduzieren. Es sollte eine möglichst dunkler, schön glänzender Ansatz entstehen.
- Mit der Hühnerbrühe auffüllen, Thymian, Rosmarin und Wacholderbeeren dazu geben und den Ochsenschwanz in der Sauce langsam in ca. 1 1/2 – 2 Stunden weich kochen.
- Am Ende der Garzeit den Ochsenschwanz aus der Sauce nehmen, vom Knochen ablösen und in Würfel schneiden.
- Die Sauce durch ein Sieb passieren und sorgfältig entfetten. Mit der Preiselbeerkonfitüre verfeinern und nochmals leicht einreduzieren lassen.
- Das Fleisch zurück in die Sauce geben und eventuell leicht nachsalzen.
- Das Ochsenschwanzragout mit den Kartoffelplätzchen auf einem Teller anrichten und mit der Sauce umgießen.

TIPP:
Zum Entfetten legt man ein Stück Küchenkrepp auf die Oberfläche der heißen Sauce und zieht es ganz vorsichtig nach oben weg.

WEINEMPFEHLUNG:
Jetzt hat sich´s ausgeräubert: Der geschmacksintensive Süßwasserfisch kommt mitsamt würzigem Meerrettich und mild gesäuertem Weinsauerkraut auf den Tisch. Genauso geschmacksbetont und gehaltvoll positionieren sich die Weine: Weiß- oder Grauburgunder der Kategorie Spätlese trocken. Am besten gefällt der Pinot, wenn er im Holzfass ausgebaut wurde.

WALLERFILET IN DER MEERRETTICHKRUSTE AUF RAHMSAUERKRAUT MIT SCHUPFNUDELN

ZUTATEN FÜR 4 PERSONEN:

350 g Filets vom Donau Waller (enthäutet und gesäubert), etwas Zitronensaft, 180 g weiche Butter, 2 Eigelb, 1 Eiweiß, 150 g Paniermehl, 3 EL mildes Meerrettich-Gemüse (aus dem Glas), 1 kleine Dose Sauerkraut, 1 klein gewürfelte Schalotte, 1 geriebener Granny Smith-Apfel, 1 kleine Kartoffel, 0,2 l Weißburgunder, 0,1 l Apfelsaft, 80 g Zucker, 200 g Sahne, Salz, Pfeffer, 1 EL Olivenöl

Die Zutaten und das Rezept für die Schupfnudeln finden Sie auf Seite 107.

VORBEREITUNG:

- Am Vortag für die Meerrettichkruste 100 g weiche Butter schaumig schlagen, unter ständigem Rühren langsam die Eigelbe und das Eiweiß sowie den Meerrettich, Salz und Pfeffer zugeben. Das Paniermehl unterrühren und die Masse mit den Händen gut durchkneten. Zu einem Schlauch rollen und gut in Klarsichtfolie einwickeln, über Nacht kaltstellen.

ZUBEREITUNG:

- Für das Sauerkraut 80 g Butter schmelzen, die klein gewürfelte Schalotte und den geriebenen Apfel dazugeben und anschwitzen. Das Sauerkraut hinzufügen und kurz mitdünsten.
- Mit dem Weißburgunder ablöschen, mit Apfelsaft auffüllen, den Zucker dazugeben und das Kraut ca ½ Stunde schön weich kochen.
- Zum Abbinden die Kartoffel schälen und mit der feinen Seite der Küchenreibe in das Sauerkraut reiben.
- Kurz vor dem Servieren die Sahne hinzufügen.
- Für das Wallerfilet den Backofen auf 200 °C vorheizen.
- Den Fisch in 4 gleich große Stücke schneiden, würzen und in Mehl wenden. Eine Pfanne vorheizen und in etwas Öl von beiden Seiten je 1 Minute anbraten.
- Die vorbereitete Meerrettichrolle in Scheiben schneiden, je 2 Scheiben auf ein Fischfilet legen und für etwa 4 Minuten auf der mittleren Schiene im Backofen goldbraun werden lassen.
- Den Fisch auf dem Sauerkraut anrichten und mit den Schupfnudeln servieren.

TIPP:
Der Waller (= Wels) ist ein Süßwasserfisch. Der Zwergwels (= Catfish) wiegt weniger als 3 Kilo und hat weißes Fleisch. Der Donauwaller wiegt bis zu 150 Kilo und hat tiefrotes Fleisch.

WEINEMPFEHLUNG:
Der Duft der Weinlese kommt mit Trauben und Tresterbrand auf den Dessertteller. Die süße Verführung lässt selbst liebliche Weine trockener schmecken. Auch eine liebliche Weißburgunder Spät- oder Auslese.

GRATINIERTE WEINTRAUBEN

ZUTATEN FÜR 4 PERSONEN:

500 g helle Trauben, 0,5 l Weißburgunder, etwas Zitronensaft, 6 cl Tresterbrand, 250 g Puderzucker, 6 Eigelb, 100 g Sahne

ZUBEREITUNG:

- Die Trauben halbieren und ggf. die Kerne entfernen.
- Den Weißburgunder mit dem Zitronensaft aufkochen.
- Den heißen Fond über die Trauben geben und abkühlen lassen.
- Den abgekühlten Fond abpassieren (durch ein Sieb laufen lassen), erneut erhitzen und über die Trauben geben,
- Diesen Vorgang 10 mal wiederholen. Wenn die Trauben schön weich, sehr aromatisch und leicht bräunlich und kalt sind, den Tresterbrand dazu geben. Danach nicht mehr erwärmen.
- Zum Gratinieren den Backofen auf 200 °C Oberhitze vorheizen.
- Die Sahne steif schlagen und wieder kaltstellen.
- Den Puderzucker mit den Eigelben in eine Schüssel geben und mit dem Handrührgerät zu einer schaumigen hellgelben Masse verarbeiten.
- Zügig die geschlagene Sahne unterarbeiten.
- Die Gratin-Masse über den Trauben verteilen und 30 Sekunden im Backofen auf der oberen Schiebe goldbraun gratinieren.

WARNUNG:
Die Zubereitung dieses Desserts erfordert viel Zeit. Das leckere Ergebnis lohnt aber jeden Aufwand.

TIPP:
Zum Gratinieren wie oben beschrieben den Backofen benutzen oder den Bunsenbrenner aus dem Hobbykeller holen.

GRAUBURGUNDER

GRAUER BURGUNDER: DER RULÄNDER HAT EIN NEUES FORMAT ERREICHT

Geschichte

Beim Grauburgunder handelt es sich wahrscheinlich um eine Knospenmutation des Blauen Spätburgunders. Von Burgund gelangte er in die Schweiz und nach Ungarn und vermutlich von dort im 14. Jahrhundert in unsere Regionen. Die französische Bezeichnung Pinot geht auf das französische „pin“ (Kiefer) zurück und beschreibt die an Kieferzapfen erinnernde Traubenform. Die Bezeichnung Ruländer geht auf den Kaufmann Johann Ruland zurück, der 1711 im pfälzischen Städtchen Speyer in einem Garten die (ihm unbekannten) Burgunderreben vorfand und vermehrte. Die hohe Qualität der Weine überzeugte die Winzer wohl schon im 19. Jahrhundert; stolz gaben sie der Sorte regional unterschiedliche Namen, die zwischenzeitlich verschwunden sind. „Ruländer“ ist der Name, unter dem die Rebsorte klassifiziert ist, „Grauer Burgunder“ und „Grauburgunder“ sind die für deutsche Weine dieser Sorte zulässigen Synonyme.

Bedeutung

In Deutschland hat der Graue Burgunder wieder zunehmend an Bedeutung gewonnen. Zur Zeit sind mehr als 3.400 ha – das entspricht ca. 3% der deutschen Rebfläche – mit dieser Sorte bestockt. Früher wurde der Graue Burgunder meist mit dem Synonym „Ruländer“ bezeichnet. Dies waren aber meist süße und gehaltvolle Weine, während hingegen der Graue Burgunder nunmehr vorwiegend trocken ausgebaut wird. Insbesondere die badischen Winzer widmen dem Grauburgunder nahezu 10 % ihrer Anbauflächen. So kommen etwa 1.500 Hektar zusammen. Die Pfälzer steuern ebenso wie die Rheinhessen einge hundert Hektar bei, die Nahewinzer etwa 100. In neun von dreizehn deutschen Anbaugebieten zählt der Grauburgunder zu den „Classic“-Rebsorten.

Anbau

Grauburgunder liefert recht gute Erträge und, wenn gewollt, hohe Mostgewichte. Die Sorte ist wenig krankheitsanfällig und kaum frostempfindlich. Sie gedeiht besonders gut auf Lößterrassen, aber auch auf Kalkboden und steinigen Untergründen. Ertragsreduzierungen und effizientes Ausdünnen des Behangs sind gut möglich und werden vielfach praktiziert.

Ausbau/Geschmack

Der Grauburgunder wird gerne im Stahltank, im großen Holzfass, aber auch im Barrique mit biologischem Säureabbau ausgebaut. Grauburgunder werden meist trocken, mittelkräftig und etwas säurebetont, Ruländer dagegen häufig als gehaltvolle Weine mit betonter Süße angeboten. Zugeordnet werden dem Grauburgunder insbesondere Duftaromen von grünen Nüssen, Mandeln, frischer Butter sowie fruchtige Aromen, die an Birne, Trockenobst und Rosinen, Ananas und Zitrusfrüchte erinnern. Daneben treten aber auch vegetative Noten von grünen Bohnen oder Paprikaschoten auf.

Genuss

Ein junger, leichter, trockener bis halbtrockener Grauburgunder ist als Sommerwein gut geeignet. Trockene Kabinettweine und Spätlesen harmonieren gut mit Meeresfrüchten, kräftigem Seefisch, Pasta, Lamm, Wildgeflügel und Jungwild sowie reifem Weichkäse. Barriqueweine zu intensiv schmeckenden Lammgerichten und leichten Wildgerichten, etwa Wildgeflügel oder Reh. Fruchtig-süße Spätlesen oder edelsüße Auslesen passen besonders gut zu fettreichem Edelpilzkäse und zu Desserts mit Honig, Mandeln oder Marzipan.

WEINEMPFEHLUNG:
Aalsuppe gibt es nicht nur im hohen Norden. Auch die Badener schwärmen vom „Aal in Ruländer". Letzterer nennt sich Grauburgunder, wenn er trocken schmeckt. Dieser Stil passt besser zu den Gewürzen, die auch schon beim Räuchern verwendet wurden. Zumal der fettreiche Aal etwas Säure im Wein verlangt: frischen Grauburgunder Kabinett vom Kaiserstuhl aus zeitiger Ernte.

SELLERIESÜPPCHEN MIT RÄUCHERAAL

ZUTATEN FÜR 4 PERSONEN:

200 g geräucherter Aal, 100 g geschälter und gewürfelter Knollensellerie, je 50 g geschälte und gewürfelte Karotten, Lauch (nur das Grüne) und Kartoffeln, 4 Lorbeerblätter, 8 Wacholderbeeren, 2 ganze geschälte Knoblauchzehen, 0,4 l trockener Grauburgunder, 0,4 l kräftige Hühnerbrühe, 400 g Sahne, 100 g Crème fraîche, Salz, Pfeffer, Muskatnuss, 1 EL Butter

ZUBEREITUNG:

- Die Butter in einem Topf schmelzen, das gewürfelte Gemüse mit den Lorbeerblättern, den Wacholderbeeren und dem Knoblauch dazugeben und glasig anschwitzen.
- Mit dem Weißwein ablöschen, mit der Hühnerbrühe auffüllen und langsam kochen lassen, bis das Gemüse weich ist.
- Den Aal säubern und von der Fettschicht befreien, in dicke Streifen schneiden und in Suppentassen verteilen.
- Wenn das Gemüse schön weich ist, die Lorbeerblätter, den Knoblauch und die Wacholderbeeren herausnehmen und die Suppe mit dem Zauberstab aufmixen.
- Die Crème fraîche und die Sahne dazugeben und noch einmal kurz aufmixen.
- Das Süppchen auf die in den Suppentassen verteilten Aalstreifen füllen.

TIPP:
Wer die Suppe lieber etwas dünnflüssiger mag, mixt sie nicht nur mit dem Zauberstab auf, sondern passiert sie zusätzlich noch durch ein Sieb.

WEINEMPFEHLUNG:
Facettenreich wie der Jakobsweg, aber weniger beschwerlich – feine Bittertöne räumen wir ein – ist unser Salatbouquet. Zudem geht es hier um intensive Kräuterwürze, um süß-saure Vinaigrette und große Muscheln. Eine gewisse Größe erwarten wir auch vom Wein, etwas Schmelz und Alkoholsüße: Spätlese vom Grauburgunder oder in Holz ausgebauter Chardonnay.

SALATBOUQUET MIT LAUWARMEN JAKOBSMUSCHELN

ZUTATEN FÜR 4 PERSONEN:

20 Jakobsmuscheln, 16 Kirschtomaten, je 1 TL Dill, Estragon, Kerbel und Basilikum, 12 EL Olivenöl zum Marinieren, gewaschener und geputzter Salat (z.B. Kopfsalat, Lollo Rosso, Feldsalat, Ruccola und Radicchio), 4 EL Grauburgunder, 4 EL Weißweinessig, 3 EL Olivenöl, 6 EL Sahne, Salz, Pfeffer

ZUBEREITUNG:

- Die Jakobsmuscheln aus der Schale lösen, das Bärtchen entfernen und gut abwaschen, auch den Corail (Rogensack). Auf ein Küchenpapier legen und gut trocknen lassen.
- Die Kräuter unter das Olivenöl rühren und damit die Muscheln etwa 10 Minuten marinieren.
- Für die Sahne-Vinaigrette den Grauburgunder, den Weißweinessig und das Olivenöl mischen, mit Salz und Pfeffer würzen und zum Schluss die Sahne beigeben. Aufmixen mit dem Zauberstab macht die Sauce noch cremiger.
- Die Kirschtomaten halbieren und in einer Pfanne mit etwas Vinaigrette anschwitzen.
- Die Jakobsmuscheln in einer heißen Pfanne mit etwas Olivenöl und Butter braten. Die Muscheln sollten im Kern schön glasig sein, also höchstens 1 Minute von jeder Seite braten.
- Die Salate auf Tellern anrichten, die Tomaten darum verteilen und mit der Vinaigrette umgießen. Die Jakobsmuscheln darauf verteilen.

TIPP:

Die Jakobsmuscheln sollten nicht zu lange gebraten werden. Wenn sie außen goldbraun sind und auf leichten Druck nachgeben, sind sie genau richtig.

WEINEMPFEHLUNG:
Scharf angebratene Medaillons, reichlich Pfeffer, und dazu noch mit substanziellem Grauburgunder abgelöscht – mit den herzhaften Rebknöspchen als Beilage kommt ein recht kräftiges Gericht auf den Teller. Ein halbtrockener, mittelkräftiger Grauburgunder kompensiert die Schärfe, aber die reife Verwandtschaft namens Spätburgunder hinterlässt bei Tisch den besten Eindruck.

SCHWEINEMEDAILLONS MIT REBKNÖSPCHEN

ZUTATEN FÜR 4 PERSONEN:

800 g Schweinemedaillons in Stücken à 100 g, 0,2 l Grauburgunder, 4 Schalotten, 1 EL grüner eingelegter Pfeffer, 8 EL Cognac, 3 EL Crème fraîche, 4 EL Olivenöl, Salz, Pfeffer

Die Zutaten und das Rezept für die Rebknöspchen finden Sie auf Seite 107.

ZUBEREITUNG:

- Den Backofen auf 160 °C vorheizen.
- Die Schweinemedaillons mit Salz und Pfeffer würzen und in Olivenöl scharf anbraten.
- Anschließend im Backofen ca. 8 Minuten fertig garen lassen.
- Die Schalotten in Ringe schneiden und in der Pfanne, in der zuvor die Medaillons angebraten wurden, anschwitzen.
- Mit dem Grauburgunder ablöschen und die Flüssigkeit auf ca. 1/3 einreduzieren lassen.
- Den Cognac und den grünen Pfeffer dazugeben und kurz aufkochen.
- Die Sauce kurz vor dem Servieren mit der Crème fraîche verfeinern.
- Auf einem Teller je 2 Medaillons auf Zwiebelringen anrichten und mit der Sauce umgießen.
- Mit den Rebknöspchen servieren.

TIPP:
Wer es herzhafter mag kann die Schweinemedaillons mit Dörrfleisch oder Speck umwickeln.

WEINEMPFEHLUNG:
Da haben auch Erwachsene Freude dran, zumal der passende Wein serviert wird. Zu den Röstaromen des ansonsten recht neutralen Filets aus Seelachs oder Kabeljau und vor allem zum feurigen Dipp. Schon passend ist ein Grauburgunder Classic, aber auch ein Rotling, vor allem aus badischem Grau- und Spätburgunder, oder auch ein reifer, leicht süßer Rosésekt aus der Burgunderfamilie.

FISCHSTÄBCHEN MIT SCHARFEM TOMATEN-OLIVENDIPP

ZUTATEN FÜR 4 PERSONEN:

24 Fischstäbchen, 1 EL fein gehackte Zwiebeln, 2 zerdrückte Knoblauchzehen, 2 kleine gehackte rote Chilischoten, 425 g grob zerkleinerte geschälte Tomaten (aus der Dose), je 3 EL klein gewürfelte schwarze und grüne Oliven, 2 entkernte und gehackte Peperoni (mild eingelegt), 2 EL Zitronensaft, 0,1 l Grauburgunder, 4 EL Basilikum-Pesto (siehe Rezept auf Seite 109), 3 EL saure Sahne, 1 EL Butter, 1 EL Olivenöl

ZUBEREITUNG:

- Den Backofen auf 180 °C vorheizen.
- Die Fischstäbchen in wenig Butter und etwas Olivenöl goldbraun von allen Seiten anbraten und für ca. 8 Minuten in den Backofen geben.
- In einem Topf die Zwiebeln mit dem Knoblauch und den Chilischoten anschwitzen, die geschälten Tomaten, den Wein und den Zitronensaft beigeben und kurz aufkochen.
- Die Olivenwürfel beigeben und langsam bei schwacher Hitze ca. 5 Minuten garen, bis der Dipp eindickt.
- Das Basilikum-Pesto und die saure Sahne einrühren.
- Zusammen mit den Fischstäbchen anrichten.

Dazu passt Kartoffelsalat.

TIPP:
Die Mischung machts. Beim Anbraten mit Butter und Olivenöl bleibt der feine Buttergeschmack erhalten; sie wird aber nicht schwarz.

WEINEMPFEHLUNG:
In the winter mood: mit Glühweingewürzen und kräftigem Grauburgunder, mit Gewürzäpfeln, Traubenlikör. Heiß das Ragout, kalt das Parfait – wie attraktiv solche Gegensätze doch ausfallen können. Eine Besonderheit auch des (Ruländer-) Eisweins: wohlige, edelsüße Wärme, gepaart mit erfrischender Säure. Wen kümmert es noch, wenn es draußen stürmt oder schneit?

GEWÜRZAPFELRAGOUT MIT PARFAIT

GEWÜRZAPFELRAGOUT

ZUTATEN FÜR 4 PERSONEN:

1 kg Äpfel (Boskop, ggf. 1 Granny Smith für die Säure), 1 Zitrone, 0,75 l Grauburgunder, 0,25 l Wasser, 3 EL Grenadine, 150 g Zucker, 3 Zimtstangen, 6 Nelken, 3 Sternanis, 6 Vanillestangen

ZUBEREITUNG:

- Die Zitrone gut waschen und die Schale mit der feinen Küchenreibe abschaben.
- Die Äpfel schälen, vierteln und nach Belieben in Würfel oder in Scheiben schneiden. Mit Zitronensaft beträufeln.
- Den Zucker in einen Topf geben und bei mäßiger Hitze langsam schmelzen. In den goldbraunen Zucker vorsichtig den Weißwein und das Wasser rühren.
- Zimt, Nelke, Anis und Vanillestange dazu geben und ca. 10 Minuten auf die Hälfte der Menge einkochen lassen.
- Die Gewürze wieder herausnehmen.
- Die Äpfel dazugeben und nach Belieben weich dünsten.
- Mit dem Parfait vom Rezept rechts auf dieser Seite auf einem Teller anrichten und sofort servieren.

TIPP:
Äpfel reibt man, ohne das Kerngehäuse vorher zu entfernen, so dass man zum Schluss den viereckigen Strunk übrig behält. Das geht schneller und schont die Finger.

APFELPARFAIT

ZUTATEN FÜR 4 PERSONEN:

3 säuerliche Äpfel (z.B. Boskop), 7 EL Grauburgunder , 4 EL Traubenlikör, 150g Zucker, 3 Eiweiß, 300 g Sahne

ZUBEREITUNG:

- Die Parfait-Förmchen richten, z.B. Espressotassen, eine kleine Kastenform oder Joghurtbecher.
- Die gut gekühlte Sahne steif schlagen und zurück in den Kühlschrank stellen.
- Die Äpfel schälen und auf einer Küchenreibe auf der groben Seite reiben.
- Mit dem Traubenlikör vermischen und eine Stunde ziehen lassen.
- Den Grauburgunder kurz aufkochen und danach wieder abkühlen lassen. Zucker und Eiweiß aufschlagen. Den lauwarmen Weißwein langsam dazugeben und alles zusammen steifschlagen.
- Die marinierten Äpfel vorsichtig unterheben.
- Die Schlagsahne evtl. kurz nachschlagen und zügig unterheben.
- Für ca. 3 - 5 Stunden (je nach Temperatur der Tiefkühltruhe) einfrieren und kurz vor dem Servieren auf einen Teller stürzen.

Die Köchin und ihr Kräuter-Opa

RIESLING
TROCKEN
MÜLLER
THURGAU
TROCKEN
FRANKEN
2001
WÜRTTEMBERG
LEMBERGER

SPÄTBURGUNDER

SPÄTBURGUNDER: DER WEIN FÜR DIE GROSSE TAFEL UND ABENDE AM KAMIN

Was der Riesling qualitativ für die Weißweine bedeutet, verkörpert der Blaue Spätburgunder unter den Rotweinen: die Spitze.

Geschichte

Die Rebsorte Spätburgunder oder Pinot Noir zählt zur Burgunderfamilie. Diese gehört wohl zu den frühesten aus den Wildreben im westlichen Mitteleuropa ausgelesenen Sorten. Karl der Dicke brachte die Sorte 884 an den Bodensee. Im 13. Jahrhundert wurde sie im Rheingau gepflanzt. Im 16. Jahrhundert stand sie vermutlich auch in der Pfalz. Im 18. Jahrhundert soll die Sorte aus dem Burgund an die Ahr gebracht worden sein. Einen Aufschwung erfuhr die Sorte vor 150 Jahren mit der Ausweitung der Sektproduktion, für die man reine Burgunderweinberge anpflanzte.

Bedeutung

In Deutschland sind rund 11.000 Hektar Rebfläche mit der Sorte Spätburgunder bestockt, das entspricht einem Anteil von rund elf Prozent an der Gesamtrebfläche. Seit Beginn der 90er Jahre wuchs die Spätburgunderfläche um mehr als 3.000 Hektar an. Die meisten Reben dieser Sorte stehen in Baden (mehr als 5.500 Hektar) – mit einem Schwerpunkt am Kaiserstuhl – und in der Pfalz (mehr als 1.400 Hektar). Daneben zählen Rheinhessen und Württemberg mit ebenfalls mehr als 1.000 Hektar sowie der Rheingau (400 ha) und die Ahr mit mehr als 300 Hektar zu den wichtigen Anbaugebieten für Spätburgunder. In zehn Anbaugebieten zählt er zu den Classic-Rebsorten.

Anbau

Die edle und sehr alte Sorte verlangt viel Sorgfalt und stellt hohe Ansprüche an Klima und Boden. Am besten gedeiht sie in so genannten Rieslinglagen, also besten Lagen. Sind die Wuchsbedingungen gut, läuft sie zur Hochform auf und lohnt die Mühe mit den schönsten Rotweinen der Welt.

Ausbau/Geschmack

Die Sorte wird vornehmlich als trockener Rotwein ausgebaut, teilweise auch mit einer gewissen Restsüße. Hin und wieder findet man auch Roséweine vom Spätburgunder und auch Sekt. Werden die Trauben nach der Lese sofort abgepresst, so lässt sich aus dem hellen Saft ein „Blanc de Noirs", ein Weißwein aus dunklen Trauben herstellen. Höhere Qualitäten bauen viele Produzenten auch im Barriquefass aus.

Genuss

Spätburgunderweine schmecken vollmundig und samtig und haben ein fruchtiges Aroma und Nuancen von Mandel. Der typische Spätburgunder hat einen leicht süßlichen Duft nach roten Früchten, von Erdbeere über Kirsche und Brombeere bis hin zur schwarzen Johannisbeere.
Bei Barriqueweinen kommen Vanille-Zimt-Anklänge hinzu. Man unterscheidet den klassischen und den modernen Typ. Traditionell wurden die besten Spätburgunder aus hochreifen Trauben gewonnen, waren nicht sehr farbintensiv, mild, gerbstoffarm und von rostroter Farbe. Neben diesem klassischen Typ gewinnt der moderne Spätburgunder mit kräftigem Rot, mehr Gerbstoff, weniger Säure und häufig kurzer Lagerung im kleinen Eichenfass immer mehr an Bedeutung.
Spätburgunder Rotweine sind ideal für die kühlere Jahreszeit. Man trinkt sie chambriert auf 16 bis 18 Grad. Kräftige Varianten begleiten am besten Braten oder Wild oder auch eine Käseplatte. Weißherbst gefällt zu Vorspeisen und weißem Fleisch, in Auslesequalität auch als Aperitif.

WEINEMPFEHLUNG:
Nicht für jeden Tag: eine aufwändige Suppe mit wertvollen Ingredienzien – nussaromatischer Feinschmeckerfisch und blumiger, wohlriechender Safran. Zudem mit zartbitterem Spinat und süßlichem Rotkohl. Wir wollen Weißwein- und Rotweinstärken in einem Glas: mit einem trockenen Blanc de Noir oder Weißherbst vom Spätburgunder – aus gutem Hause.

KLARE ROTKOHLSUPPE MIT SEEZUNGENROULADE

ZUTATEN FÜR 4 PERSONEN:

400 g Seezunge in 4 Filets ohne Haut, 1,5 l Hühnerbrühe, 300 g in Streifen geschnittener Rotkohl, 3 Eiweiß, Saft von 1/2 Zitrone, 0,125 l trockener Spätburgunder, 125 g Sahne, 1 EL Wermut, je 1 EL fein gewürfelte Karotten, Lauch und Sellerie, 150 g blanchierter Spinat, Salz, Pfeffer, ½ TL Safran

ZUBEREITUNG:

- Die Gemüsewürfel blanchieren und auf einem Küchenkrepp trocknen lassen.
- Die Rotkohlstreifen in der Hühnerbrühe bissfest kochen, danach in ein Sieb abschütten. Dabei die Brühe in einem Topf auffangen, sie wird noch gebraucht.
- Die Brühe mit einem Eiweiß klären, d.h., das gut gekühlte Eiweiß mit dem Schneebesen verrühren und in die noch warme Brühe unter langsamem Erhitzen einrühren. Die Suppe darf nicht kochen; das Eiweiß wird durch die Erwärmung zu einem „ Deckel“, der auf der Suppe „schwimmt“.
- Den Eiweiß-Deckel vorsichtig entfernen; er wird nicht mehr gebraucht.
- Die Brühe nun mit dem Rotwein verfeinern und mit dem Zitronensaft die Blaufärbung in eine Rotfärbung „umwandeln“.
- Die Seezungenfilets in Klarsichtfolie einschlagen und mit einem Plattiereisen (oder den Händen) etwas platt klopfen. Die Filets rechteckig zuschneiden, aus den Abschnitten wird eine Farce zur Füllung hergestellt.
- Dazu in der Küchenmaschine die gekühlten Fischabschnitte mit den zwei restlichen Eiweiß zu einer homogenen Masse verarbeiten, die kalte Sahne vorsichtig dazugeben und weiter verarbeiten. Den Safran beigeben und einrühren. Die Masse in eine Schüssel geben, die Gemüsewürfel unterheben. Mit Salz und Pfeffer würzen und zum Schluss einen Spritzer Wermut zugeben.
- Die Seezungenfilets mit Salz und Pfeffer leicht würzen und die Spinatblätter auf der Seezunge auslegen, so dass kein weißes Fischfleisch mehr sichtbar ist. Die Farce dünn auf dem Spinat verteilen.
- Die Filets fest einrollen (mit Hilfe von Klarsichtfolie), anschließend mit Spannung in Alufolie rollen.
- Im Topf bei 80 °C ca. 10 Minuten pochieren und danach etwas auskühlen lassen. Auspacken und in ca. 1 ½ cm dicke Scheiben schneiden.
- Die Rotkohlsuppe in Tellern anrichten und mit den Rouladenscheiben garnieren.

TIPP:
Der Eiweiß-Deckel saugt die Trüb- und Schwebestoffe auf und klärt so die Suppe.

WEINEMPFEHLUNG:
Zwei Seelen schlagen, ach, in der aus Wilderpel und Hausente gekreuzten Barberie-Entenbrust. Spannend geht´s auf dem Teller weiter: hier die delikaten Waldpilze, dort Rotwein besänftigter Risotto. Die milden Röstaromen von Schalotten, Pilzen und Ente bringen die Entscheidung für eine nicht zu gerbstoffbetonte, eher traditionelle trockene Spätburgunder Spätlese.

SPÄTBURGUNDER-RISOTTO MIT GEBRATENER ENTENBRUST UND WALDPILZEN

ZUTATEN FÜR 4 PERSONEN:

1 Barberie Entenbrust (ca. 300 g), je 150 g Pfifferlinge und Steinpilze, 2 kleingewürfelte Schalotten, je 1 TL gehackte Petersilie, Schnittlauch und Kerbel, 4 EL Olivenöl.
Für das Risotto: 200 g Risotto Reis, 3 fein gewürfelte Schalotten, 3 fein gewürfelte Knoblauchzehen, 0,75 l Spätburgunder, 0,5 l Hühnerbrühe, 8 EL fein geriebener junger Parmesan.

ZUBEREITUNG:

- In einem hohen Topf die Schalotten und den Knoblauch in reichlich Olivenöl glasig anschwitzen, den Reis beigeben und einige Minuten mit angehen lassen.
- Den Reis mit dem Spätburgunder und Hühnerbrühe ablöschen, er sollte immer etwas nass sein, doch nie „schwimmen".
- Die Garzeit des Reises ist schwierig zu bestimmen, am besten regelmäßig testen; er sollte im Kern noch bissfest sein.
- Den Backofen auf 180 °C vorheizen.
- Die Entenbrust auf der Fettseite längs und quer einschneiden, so dass kleine Quadrate auf der Oberfläche entstehen, die das Fettgewebe durchschneiden. So wird die Brust beim Braten schön knusprig. Danach salzen und pfeffern.
- In einer heißen Pfanne mit wenig Öl anbraten. So lange auf der Hautseite braten, bis die nach oben zeigende Fleischseite einen Glanz bekommt. Dann erst wenden und ganz kurz auf der anderen Seite anbraten; nur zum Schließen der Poren. Danach für 8 Minuten in den Backofen schieben.
- Die Pilze putzen und klein schneiden.
- In einer Pfanne zusammen mit den Schalotten kurz heiß anbraten und mit Salz und Pfeffer würzen.
- Die Pilze unter das Risotto mischen, den Parmesan vorsichtig bis zur gewünschten Konsistenz einrühren.
- Die Entenbrust aus dem Backofen nehmen und in Scheiben schneiden.
- Das Risotto auf einem Teller anrichten, die Entenbrustscheiben darauf legen und mit Kräutern bestreuen.

TIPP:
Risotto grundsätzlich nur mit einem Holzlöffel vorsichtig umrühren, mit Gefühl und Leidenschaft. Nur dann erhält man eine cremig-sahnige Konsistenz.

WEINEMPFEHLUNG:
Eigentlich ist pochiertes Rindfleisch von neutralem Geschmack. Doch unser Fond mit Kräutern und Rotwein bringt kräftige Aromen. Lautstarke, aber auch honigsüße Unterstützung kommt von den in luxuriösen „Badezusätzen“ marinierten Schalotten. Gemeinsam rufen sie nach ausdrucksstarkem Rotwein. Sie fordern die würzige, extraktreiche, kraftvolle und trockene Spät- oder Auslese vom Spätburgunder.

POCHIERTES RINDERFILET MIT SELLERIEPÜREE UND ROTWEINSCHALOTTEN

ZUTATEN FÜR 4 PERSONEN:

Für das Rinderfilet: 900 g Rinderfilet am Stück, 0,75 l Spätburgunder, 0,5 l Hühnerbrühe, 1 quer halbierte Knoblauchknolle, 2 EL Basilikum-Pesto (siehe Rezept auf Seite 109), je 1 Bund Rosmarin und Thymianzweige, Salz, schwarzer Pfeffer.
Für das Selleriepüree: 1 mittelgroße Knolle Sellerie, 0,3 l Hühnerbrühe, 0,3 l Weißwein, 3 Schalotten, 80 g Butter, 300 g Sahne, 150 g Crème fraîche, Salz, Pfeffer
Für die Rotweinschalotten: 400 g Schalotten, 100 g Zucker, 50 g Butter, 0,3 l Spätburgunder, 0,3 l Portwein, 0,1 l Cassis, 2 EL Honig, 4 Lorbeerblätter, 10 Wacholderbeeren, 4 Nelken, 2 EL milder Balsamico-Essig

ZUBEREITUNG:

- Mit den Rotweinschalotten beginnen, diese können gerne 1 - 2 Tage in ihrem Sud marinieren.
- Die Schalotten schälen und einmal längs halbieren.
- Den Zucker in einen flachen Topf geben und langsam schmelzen, bis er goldbraun ist, die Butter hinzufügen und einmal kurz durchrühren.
- Den Rotwein und den Portwein dazugießen und den Zucker vollständig verkochen, es dürfen keine Zuckerklümpchen mehr vorhanden sein.
- Lorbeerblätter, Wacholderbeeren und Nelken in ein kleines Tuch einwickeln, fest zusammenbinden und mit dem Fleischklopfer kurz darauf schlagen, um ein besseres Auslaugen der Gewürze zu ermöglichen.
- Das Gewürzsäckchen in den Topf geben und alles 10 Minuten leicht köcheln lassen. Dann die Schalotten hinzufügen und langsam weich dünsten.
- Zum Schluss mit dem Honig und dem Cassis verfeinern, mit dem Balsamico abrunden und nochmals einmal kurz aufkochen lassen. Danach kühl stellen.
- Für das Selleriepüree die Sellerieknolle und die Schalotten schälen und in 2 cm große Würfel schneiden. In einem Topf die Butter schmelzen und farblos anschwitzen. Mit dem Weißwein ablöschen und mit der Brühe auffüllen. Sachte die gesamte Flüssigkeit einkochen. Kurz vor Ende der Garzeit die Sahne beigeben. Mit der Küchenmaschine oder dem Zauberstab pürieren, abschmecken und mit der Crème fraîche verfeinern.
- Für das Rinderfilet zunächst den Pochierfond herstellen. Hierfür den Rotwein und die Hühnerbrühe in einen Topf geben, alle Kräuter und den einmal quer in der Mitte durchgeschnittenen Knoblauch hinzufügen und einmal kräftig aufkochen.
- Das Rinderfilet in 4 gleich große Stücke schneiden, etwas plattieren. Das Filet sollte an allen Stellen ca. 2,5 cm hoch sein.
- Die Rinderfilets mit Salz und schwarzem Pfeffer aus der Mühle würzen und in den heißen Fond einlegen. Der Fond darf niemals kochen, immer nur ganz leicht vor sich hinziehen.
- Nach 8 Minuten ein Filet herausnehmen und quer in der Mitte anschneiden. Es sollte jetzt medium sein, d.h., Fleischsaft sollte reichlich fließen und das Filet herrlich roséfarben sein. Bei Bedarf das Fleisch noch 1 - 2 Minuten länger ziehen lassen. Danach warm stellen.
- Die Rotweinschalotten erwärmen.
- Alle 4 Filets quer in der Mitte aufschneiden und auf den Schnittstellen mit Salz und Pfeffer würzen.
- In einem großen tiefen Teller auf dem Püree anrichten und mit den Rotweinschalotten garnieren.

TIPP:
Die Rinderfiletstreifen nicht mit dem Fleischklopfer, sondern mit dem Handballen gefühlvoll plattieren, um das Filet etwas flacher zu machen.

WEINEMPFEHLUNG:
Scharf, süß, salzig oder gleich alles auf einmal sind die diversen Saucen dieses exotischen Fischgerichts. Dem jungen, zarten Dorsch allein leistete ein leichter, fruchtiger Roter beste Gesellschaft. Doch die intensive Aromatik und Geschmacksvielfalt der Sauce verlangt nach mehr: Nach stattlichem Alkohol und Schmelz, wie wir sie in hochkarätigen Burgundern oder auch einem Silvaner finden.

ANGELDORSCH ASIATISCH

ZUTATEN FÜR 4 PERSONEN:

1 kg Angeldorsch (junger Kabeljau) ohne Haut und Gräten, 1 Päckchen chinesische Eiernudeln, je 3 EL Karotten, Lauch, Sellerie und Zuckerschoten, 0,2 l Spätburgunder, ca. 2 EL helle Asia-Sauce, ca. 6 EL scharfe Asia-Sauce, ca. 8 EL süße Asia-Sauce, ca. 1 EL Austern-Sauce, 2 EL Chilli-Sauce, ca. 3 EL Sesamöl, ca. 2 EL Curry Ketchup, 2 EL Tomatenmark, 0,25 l Orangensaft, 100 g Zucker, 2 EL gerösteter Sesam, 1 Messerspitze ganz fein geschnittener frischer Ingwer, 1 TL Paprikapulver, ½ TL frischer grüner Kardamom, 2 EL Kartoffelstärke, Salz, Pfeffer

ZUBEREITUNG:

- Karotten, Lauch, Sellerie und Zuckerschoten in hauchfeine Streifen schneiden.
- In einem großen Topf den Boden mit Zucker bedecken und diesen schmelzen.
- Mit dem Orangensaft ablöschen, der Zucker muss sich vollkommen auflösen.
- Nun den Ingwer, den Kardamom und alle Asia Saucen nach Belieben dazu geben. Die Mengenangaben dienen nur der Orientierung – diese Sauce soll und wird jedes Mal anders schmecken.
- Die Nudeln in reichlich Salzwasser kochen.
- Den Backofen auf 180 °C vorheizen.
- Den Angeldorsch mit Salz und Pfeffer würzen, in Kartoffelstärke wenden und in heißem Sesamöl von jeder Seite etwa 30 Sekunden knusprig braten.
- Den Fisch für 2 - 3 Minuten in den Backofen schieben.
- Die Nudeln mit den Gemüsestreifen mischen und in einem großen Teller anrichten. Mit der Sauce übergießen und den knusprigen Fisch auf das Nudel-Gemüse-Bett legen.

TIPP:
Alte Regel für das Würzen: Mehr geht immer, Rausnehmen ist schwierig...

WEINEMPFEHLUNG:
Ein Dessert für die feine Tafel, intensiv weinig und richtig süß. Hier kann man mit Beerenauslesen nur zuviel des Guten und Süßen tun. Also bleiben die ganz teuren Süßweine im Keller, stattdessen kommt eine liebliche bis edelsüße Spät- oder Auslese vom Spät- oder auch Grauburgunder zum Zug. Den Nelkenduft des Gerichts greifen rote Burgunder aus dem Barrique wieder auf.

FEIGEN IN SPÄTBURGUNDER SABAYON

ZUTATEN FÜR 4 PERSONEN:

12 reife kleine Feigen, 0,5 l Spätburgunder, 150 g Zucker, 8 Wacholderbeeren, 3 Lorbeerblätter, 4 Nelken, 1 längs halbierte Vanilleschote
Für die Sabayon: 8 Eigelb, 0,25 l Spätburgunder, 30 g Zucker

ZUBEREITUNG:

- Für die Feigen 0,5 l Spätburgunder zusammen mit den Gewürzen in einen Topf geben.
- Diesen Gewürzwein 10 Minuten leicht kochen lassen, anschließend den Wein durch ein Sieb laufen lassen und zurück in den Topf geben.
- Die Feigen je nach Größe vierteln oder achteln, den Sud kurz aufkochen und die Feigen dazugeben.
- Gut abgedeckt bei Zimmertemperatur durchziehen lassen – am besten über Nacht.
- Für die Spätburgundersabayon einen kleinen Topf mit etwas Wasser erhitzen, um darauf die Creme aufzuschlagen.
- Die Eigelbe und 0,25 l Spätburgunder mit dem Zucker in eine Rührschüssel geben.
- Die Schüssel auf den Wassertopf stellen und die Sabayon schön gleichmäßig mit einem weichen Schneebesen aufschlagen.
- Danach vom Topf herunternehmen und noch ca. 4 Minuten weiterschlagen, damit sie schön fest wird.
- Die Feigen im Fond vorsichtig erhitzen.
- Die erwärmten Feigen auf einem Teller anrichten, die Sabayon darüber geben und noch warm genießen.

TIPP:
Die Feigen schmecken auch sehr lecker zu Käse – am besten zu Tête de Moine (Mönchskopf).

DORNFELDER

DORNFELDER: FRUCHT, GERBSTOFF UND WÄRME

Geschichte

Der Dornfelder ist die erfolgreichste deutsche Neuzüchtung bei den Rotweinsorten. Seine Ursprünge führen nach Württemberg, in den Ort Weinsberg. Dort gab der Weinbaufachmann Imanuel Dornfeld den Anstoß zur Gründung der dortigen Weinbauschule. August Herold – er lebte von 1902 bis 1973 – züchtete dort bereits 1955 den Dornfelder. Dazu kreuzte er die Sorten Helfensteiner (eine Kreuzung aus Frühburgunder und Trollinger) und Heroldrebe (eine Kreuzung aus Portugieser und Lemberger). Es dauerte einige Jahre, bis sich die Sorte unter den Winzern etablierte. Anfänglich wurde sie zum Verschnitt mit hellen Rotweinen („Deckrotwein") benutzt, um diesen eine dunklere Farbe zu geben, bis man das Potenzial des Dornfelders erkannte.

Bedeutung

Mitte der siebziger Jahre, bis dahin gab es gerade mal 100 Hektar Dornfelder-Weinberge, begann sich die Sorte Dornfelder durchzusetzen. Heute sind 7.600 Hektar mit der roten Neuzüchtung bestockt, mehr als sieben Prozent der deutschen Rebfläche, Tendenz: weiter steigend. Lediglich der Spätburgunder wird unter den roten Sorten noch häufiger angebaut. Ihre größte Akzeptanz fand die Sorte Dornfelder bei den pfälzischen und rheinhessischen Winzern, doch ist die Sorte auch in den meisten anderen Anbaugebieten zu finden. An der Nahe, in der Pfalz, in Rheinhessen und in Württemberg zählt der Dornfelder zu den „Classic"-Rebsorten. Längst ist die Neuzüchtung von vor 50 Jahren zu einem deutschen Rotweinklassiker gereift und erfreut sich seit Jahren einer immensen Nachfrage.

Anbau

Es handelt sich um eine robuste, wenig anfällige Rebsorte. Sie neigt, lässt man ihrem Wachstumsdrang freien Lauf, zu hohen Erträgen. Deshalb schneiden viele Winzer zu Beginn der Reifeperiode einige Trauben ab, um den Ertrag zu reduzieren und damit die Konzentration der Inhaltsstoffe auf die verbleibenden Trauben zu unterstützen. Die Trauben wachsen lockerbeerig und sind daher wenig fäulnisgefährdet. Die Rebe stellt höhere Ansprüche an den Boden; so begnügt sie sich ungern mit sandigen oder steinigen Standorten. Zudem eignet sie sich nicht für allzu frostgefährdete Lagen.

Ausbau/Geschmack

Die Sorte wird vornehmlich als trockener Rotwein, teilweise auch halbtrocken ausgebaut. Es gibt zwei unterschiedliche Ausbaustile. Der erste betont die intensiven Fruchtaromen wie Sauerkirsche, Brombeere und Holunder und wird jung auf den Markt gebracht. So ist teilweise der neue Jahrgang bereits als Primeur zu kaufen. Andere Winzer bauen den Dornfelder im großen oder kleinen Holzfass (Barrique) aus, betonen mehr die Gerbstoffe und Struktur des Weins und nehmen die Fruchtaromen zurück. Meist handelt es sich um gehaltvolle, geschmeidige und harmonische Weine. Unschwer ist der Dornfelder bereits an seiner tiefdunklen Farbe zu erkennen. Selten finden sich Dornfelder-Sekte oder ein Roséwein aus Dornfelder.

Genuss

Dornfelder sind, wie andere kräftige Rotweine, natürlich ideal für die kühlere Jahreszeit, insbesondere, wenn sie etwas abgelagert sind. Sie passen dann auch zu kräftigem Braten, Wild oder Käse. Andererseits bereiten auch fruchtige Ausbauvarianten aus der letzten Ernte, im Sommer sogar leicht gekühlt, Trinkspaß.

WEINEMPFEHLUNG:
Während der Jagdsaison darf´s auch etwas kräftiger sein. Für hungrige Jäger und müde Sammler. Für die Gourmets zähmen Sahne, Butter, Wein und Brühe allzu viel Wildheit und domestizieren diese in Farce und Strudel. Nur die rohe Entenbrust pointiert das Ursprüngliche. Zum Menüauftakt genügt daher ein angesagter Dornfelder Rosé. Verwegene greifen gleich zum Barriquewein und nehmen „Suppe satt."

TIPP:
Die Pilze ganz auskühlen lassen, sonst gerinnt die Farce.

SÜPPCHEN VON DER WILDENTE MIT STEINPILZSTRUDEL

ZUTATEN FÜR 4 PERSONEN:

Für die Suppe: 1 Wildente von etwa 800 g, 0,2 l Dornfelder, 1,5 l Hühnerbrühe, je 100 g grob gewürfelte Karotten, Sellerie und Zwiebeln, 4 Eigelb, 4 Wacholderbeeren, 2 Lorbeerblätter, 200 g Sahne, 80 g Butterflocken, Salz und Pfeffer
Für den Strudel: 4 Blätter TK-Strudelteig, 120 g geputzte Steinpilze, 1 gewürfelte Schalotte, 2 Eiweiß, 100 g Sahne, je 1 EL gehackte Petersilie und Kerbel, 1 Messerspitze Knoblauch, Salz, Pfeffer

ZUBEREITUNG:

- Die Wildente auslösen, die Brust und das Keulenfleisch zur Seite legen. Die Knochen zusammen mit dem restlichen Fleisch in Olivenöl anbraten und mit der Geflügelbrühe auffüllen. Wacholderbeeren und Lorbeerblätter dazugeben und für etwa 1 Stunde leicht köcheln lassen.
- Den Fond abpassieren.
- Die Steinpilze in dünne Scheiben schneiden, mit Salz, Pfeffer und etwas Knoblauch würzen und mit den Schalottenwürfeln in etwas Butter anschwitzen. Anschließend abkühlen lassen; die Pilze müssen richtig kalt sein.
- Für die Fleischfarce das Keulenfleisch in Würfel schneiden, mit Salz und Pfeffer leicht würzen. Die Würfel in der Küchenmaschine zu einer homogenen Masse zerkleinern. Langsam das Eiweiß unter ständigem Rühren beigeben und zum Schluss unter ständigem Rühren 100 g der Sahne einlaufen lassen.
- Die Farce in eine Schüssel geben, die kalten Steinpilze, Petersilie und Kerbel unterrühren.
- Den Backofen auf 160 °C vorheizen.
- Die fertige Farce nun auf den Strudelteig geben, zu einer Rolle einschlagen und mit Butter bestreichen. Im Backofen für ca. 8 Minuten garen.
- Den Entenfond aufkochen und mit dem Dornfelder Rotwein verfeinern.
- 200 g Sahne mit den Eigelben verrühren, zusammen mit den Butterflocken mit dem Zauberstab aufmixen und damit die Suppe binden.
- Die rohe Entenbrust in hauchdünne Scheiben schneiden und zusammen mit dem Strudel in einen vorgewärmten Suppenteller geben.
- Die Suppe darüber gießen und heiß servieren.

WEINEMPFEHLUNG:
Der Dornfelder, Brot- und Butter-Wein der Winzer, ist „everybody´s darling“, weil er unkompliziert und mediterran schmeckt. Beides trifft auch auf das Pasta-Gericht zu: originell und knackig die Kombination von Pinienkernen, grünen Bohnen und al dente gekochten Fettucine. Wer Alternativen zum jungen, trockenen rheinhessischen Dornfelder Qualitätswein sucht, findet sie bei einem Pfälzer Grauburgunder oder Württemberger Trollinger.

FETTUCINE MIT CHAMPIGNONS UND BOHNEN IN LEICHTER SAHNESAUCE

ZUTATEN FÜR 4 PERSONEN:

300 g Fettucine, 250 g grüne Bohnen, 200 g Champignons, 100 g Pinienkerne, 0,125 l Dornfelder, 300 g Sahne, 0,125 l Hühnerbrühe, 1 klein gewürfelte Zwiebel, 2 leicht zerdrückte Knoblauchzehen, 1 Ei, 2 EL Olivenöl, Salz, schwarzer Pfeffer aus der Mühle, 80 g junger, fein gehobelter Parmesan

ZUBEREITUNG:

- Die grünen Bohnen und die Champignons putzen und in feine Scheiben schneiden.
- Die Pinienkerne ohne Fett in einer Pfanne goldbraun rösten und beiseite stellen.
- Die Fettucine in reichlich Salzwasser mit etwas Olivenöl bissfest kochen, abschütten und abschrecken (siehe Tipp).
- Die Zwiebelwürfel mit dem Knoblauch in einer Pfanne mit etwas Olivenöl farblos anschwitzen, die Bohnen dazugeben und 3 Minuten langsam mitbraten. Anschließend die Champignons beigeben und ebenfalls mitbraten.
- Den Wein, die Hühnerbrühe und die Sahne zugießen, zum Kochen bringen. Dann die Hitze reduzieren und langsam 6 - 8 Minuten garen.
- Das Ei verrühren, zum Temperieren vorsichtig etwas von der Kochflüssigkeit einrühren, dann die Eimischung in die Pfanne zugießen und zum Abbinden einmal kurz aufkochen lassen.
- Die Nudeln dazugeben und in der Sauce erwärmen.
- Mit Salz und Pfeffer abschmecken. Auf einem warmen Teller anrichten und mit frisch gehobeltem Parmesan garnieren. Die Pinienkerne darüberstreuen.

TIPP:
Die gekochten Nudeln mit reichlich kaltem Wasser abschrecken, damit die Stärke herausgewaschen wird und die Nudeln nicht verkleben.

WEINEMPFEHLUNG:
Der Klassiker aus der norditalienischen Tiefebene hat die Alpen überquert und lässt auch hierzulande den Süden schmecken. Mit Kräutern und Tomaten aus dem Garten, aromatisch zudem durch langsames Garen. Frucht, etwas Säure, eine Spur Süße und Aroma braucht auch der Wein. Dass diese ein Dornfelder Classic mitbringt, ist bekannt. Vor Freude auf der Zunge tanzt auch der Regent.

OSSOBUCO MIT GEBRATENER POLENTA UND GESCHMOLZENEN GARTENTOMATEN

ZUTATEN FÜR 4 PERSONEN:

Für das Ossobuco: 4 Kalbshaxenscheiben mit Knochen, 0,4 l Dornfelder, 0,5 l Hühnerbrühe, 4 reife Tomaten, 4 Schalotten, 8 Knoblauchzehen, je 2 große Zweige Rosmarin und Thymian, 5 EL Olivenöl, 1 EL Tomatenmark
Für die Gartentomaten: 8 - 10 reife Tomaten (am besten schmecken Eiertomaten), 1 zerdrückte Knoblauchzehe, 2 fein gewürfelte Schalotten, 2 EL Basilikum-Pesto (siehe Rezept auf Seite 109), 2 EL Crème fraîche, 4 EL scharfe Tomatensauce (Texicana Salsa), Salz, Pfeffer, Muskat

Die Zutaten und das Rezept für die Polenta finden Sie auf Seite 106.

TIPP:
Gerade an heißen Sommertagen schmeckt das Tomatengemüse auch kalt als Salat sehr lecker.

ZUBEREITUNG:

- Den Backofen auf 150 °C vorheizen.
- Für das Ossobuco die gewaschenen und trocken getupften Kalbshaxenscheiben gleichmäßig mit Salz und Pfeffer würzen und in einem Bräter in Olivenöl scharf anbraten. Danach herausnehmen und warm stellen.
- Die Schalotten und Knoblauchzehen schälen und grob zerkleinern. Die Schalotten mit dem Knoblauch in den Bräter geben und anschwitzen. Die Tomaten, die Kräuter und das Tomatenmark beigeben und leicht anrösten. Mit der Hälfte des Rotweins ablöschen und einreduzieren, bis das Röstgut wieder trocken ist, erneut ablöschen und nun auch die Brühe hinzufügen.
- Die Kalbshaxenscheiben einlegen und zugedeckt im Ofen ca. 2 - 2 ½ Stunden garen.
- Die Kalbsbeinscheiben herausnehmen, die Sauce durch ein Sieb drücken, nochmals erhitzen und wenn nötig etwas nachwürzen.
- Für die Gartentomaten einen Topf mit Wasser zum Kochen bringen. Den Strunk der Tomaten entfernen und auf dem Tomatenboden ein kleines Kreuz einschneiden.
- Ein Gefäß mit kaltem Wasser bereitstellen.
- Jeweils immer 3 Tomaten für 3 - 4 Sekunden ins kochende Wasser geben. Danach sofort ins kalte Wasser legen und die Haut einfach abziehen.
- Die Tomaten achteln.
- Die Schalotte in Butter farblos anschwitzen, den Knoblauch und die Tomatenachtel dazugeben und kurz mitdünsten. Die Salsa-Sauce sowie das Basilikum-Pesto und die Crème fraîche beigeben. Mit Salz, Pfeffer und Muskat würzen.
- Das Ossobuco mittig auf einem großen Teller anrichten und mit den Gartentomaten und den Polentastücken umgeben.

WEINEMPFEHLUNG:
Hier kann man sich mit Lust von der Regel „Weißwein zu Fisch" verabschieden. Der angebratene Fisch, die knusprigen Kartoffeln, Speck und Linsen votieren unisono für Rotwein zur Rotzunge. Aus Neutralitätsgründen und für den Frischeeffekt allerdings mit leicht gekühlten Fruchtaromen einzuschenken. Wem der Dornfelder zu schwer erscheint, greift zu einem anderen herzhaften Rotwein in der Kabinettklasse, beispielsweise Portugieser oder Schwarzriesling.

ROTZUNGE IN DER KARTOFFELKRUSTE AUF LINSEN-SPECK-SAUCE

ZUTATEN FÜR 4 PERSONEN:

4 Rotzungenfilets à 150 g, 0,1 l Dornfelder, 0,1 l Hühnerbrühe, 4 kleine fest kochende Kartoffeln, 2 fein gewürfelte Tomaten ohne Fruchtfleisch, 50 g fein gewürfelter geräucherter Speck, 2 klein gewürfelte Schalotten, 2 klein gewürfelte Knoblauchzehen, 3 EL Crème fraîche, 2 cl Balsamico-Essig, 30 g Linsen (über Nacht in Wasser eingeweicht), 2 EL Olivenöl, 1 Lorbeerblatt, 1 TL gehackte Petersilie, Salz, Pfeffer

ZUBEREITUNG:

- Speck, Schalotten und Knoblauch in einem Topf farblos anschwitzen. Die Linsen und das Lorbeerblatt dazugeben.
- Mit dem Dornfelder und der Hühnerbrühe ablöschen und bis zu einer sämigen Konsistenz einreduzieren.
- Die Kartoffeln schälen, fein reiben und in einer beschichteten Pfanne mit wenig Öl vier Kartoffelkrusten (Puffer) dünn und knusprig braten.
- Den Backofen auf 180 °C vorheizen.
- Die mit Salz und Pfeffer gewürzten Rotzungenfilets in Mehl wenden, überschüssiges Mehl durch Abklopfen entfernen und ebenfalls in Olivenöl bei mittlerer Hitze von beiden Seiten kurz anbraten.
- Die Kartoffelkrusten auf den Fisch legen und ca. 3 - 4 Minuten im Backofen aufknuspern.
- Die Crème fraîche und die Tomatenwürfel zu den heißen Linsen geben und einrühren.
- Auf einem Teller den Fisch mit Kartoffelkruste anrichten und mit der Linsensauce umgießen oder, wie auf dem Bild zu einem Türmchen aufschichten.

TIPP:
Rotzunge erinnert geschmacklich an Seezunge, ist aber wesentlich günstiger.

WEINEMPFEHLUNG:
Färbung und Geschmack der Rotweinbirne verraten die passende Weinauswahl: Rot muss der Wein sein, dazu kräftig und würzig. Das passt zu Lorbeer, Nelken und Zimt. Zur Vanille im Eis gesellt sich ein feines Vanillearoma, wenn der Rote im Barrique gereift ist. Eine trockene Dornfelder Spät- oder Auslese hat dafür genug Struktur und Substanz.

EINGELEGTE ROTWEINBIRNE MIT MANDELCREME UND VANILLEEIS

ZUTATEN FÜR 4 PERSONEN:

2 reife saftige Birnen, 0,3 l Dornfelder, 2 TL Zucker, 50 g Butter, ½ Zimtstange, 2 Lorbeerblätter, 3 zerdrückte Wacholderbeeren, 1 Messerspitze gemahlene Nelken
Für die Mandelcreme: 65 g Butter, 125 g Puderzucker, 1 Ei, 100 ml geschlagene Sahne, 125 g geriebene Mandeln, 0,4 l Vanilleeis

ZUBEREITUNG:

- Die Birnen schälen, halbieren und das Kerngehäuse entfernen.
- In einem flachen Topf den Zucker goldbraun schmelzen, die Butter einrühren und vorsichtig den Rotwein und die Gewürze beigeben.
- Wenn alle Zuckerknoten aufgelöst sind, die Birnen einlegen und langsam ca. 2 Minuten pochieren. Vom Feuer nehmen und 1 Tag im Kühlschrank in der Flüssigkeit durchziehen lassen. Die Birnen müssen komplett bedeckt sein, sonst färben sie nicht ein.
- Die Birnen aus dem Sud nehmen und diesen durch ein Sieb passieren.
- Für die Mandelcreme die Butter gut durchrühren, zügig die Mandeln und den Puderzucker dazugeben und gut vermischen. Das Ei und 2 cl vom Birnenfond einarbeiten und zum Schluss vorsichtig die geschlagene Sahne unterheben.
- Den Backofen auf 180 °C vorheizen.
- Die Mandelmasse mit einem Löffel gleichmäßig auf einem Teller verteilen. Die eingelegten Rotweinbirnen fächerförmig einschneiden und am Tellerrand platzieren.
- Kurz vor dem Servieren im Backofen gratinieren, die Mandelcreme sollte goldbraun werden und die Birne leicht temperiert.
- Zum Schluss eine Kugel Vanilleeis in die Mitte des Tellers geben.

TIPP:
Der Birnenfonds gelingt auch in kürzerer Zeit – dann allerdings sollten die Birnen etwas länger pochiert werden. Der übrige Fond ergibt mit Sekt einen wunderbaren Aperitif.

ANDERE ROTWEINE

LEMBERGER, TROLLINGER & CO: DIE ROTEN SIND STARK IM KOMMEN

Portugieser: der leichte, duftige Rotwein

Der Portugieser ist die dritttwichtigste Rotweinrebsorte in Deutschland. Die hellrote Farbe legt die Verwendung als Weißherbst nahe. Der Portugieser gilt als unkomplizierter, angenehmer, vollmundiger, süffiger und frischer Schoppenwein. Er entwickelt sich schnell und ist schon im Frühjahr ein harmonischer, gut trinkbarer Wein. Er kann dann auch etwas kühler angeboten werden, das verstärkt den erfrischenden Charakter. Im verhaltenen Duft finden wir Anklänge von Beerenaromen wie rote Johannisbeere, Himbeere oder Erdbeere, mitunter auch Sauerkirsche oder einen Pfefferton. Der Portugieser kann bei vielen Gerichten ein genügsamer Essensbegleiter sein, zudem hat gerade der Weißherbst als Sommerwein viele Freunde.

Lemberger: südländische Wärme

Der Lemberger wird nahezu ausschließlich in Württemberg angebaut, es gibt ihn als leichteren, fruchtigen Tropfen und als extrakt- und tanninreichen Rotwein. Meist sind die Weine intensiv schwarzrot. Das Aromabild erinnert an Brombeeren, Süßkirschen, auch Sauerkirschen, Pflaumen, Johannisbeeren, Stachelbeeren, Holunder, Banane und Kakao. Im Geschmack zeigen sich die Rotweine je nach Ausbauweise fruchtig oder gerbstoffbetont und mit einem langanhaltenden Nachklang. Der Lemberger ist lange haltbar. Der leichte, fruchtige Lembergertyp eignet sich bestens zur Vesper und zur sommerlichen Grill-Party. Gerbstoffbetonte Lemberger passen gut zu ländlichen Pasteten, Grillgerichten, dem schwäbischen Zwiebelrostbraten, kräftigem gebratenem Hausgeflügel, Wildgeflügel, Schmorbraten, Lamm, Roastbeef, Blauschimmelkäse und reifem Bergkäse.

Trollinger: das schwäbische Nationalgetränk

In Württemberg ist der Trollinger die meistangebaute Rotweinsorte, außerhalb Württembergs findet man sie so gut wie nicht. Die Konzentration auf eines der südlichsten deutschen Anbaugebiete hat einmal klimatische Gründe, da die Rebe eine lange Vegetationsperiode zur Reife benötigt. Die meisten Weine werden zu frischen, kernigen und bodenständigen Tropfen ausgebaut. Eine gewisse Restsüße verleiht eine zusätzliche Süffigkeit. Die leichten, rassigen Weine sind im Jahr nach der Ernte trinkreif. Ihr feinblumiger Duft verrät einen zarten Muskatton oder auch ein Wildkirschenaroma. Meist präsentieren sie sich in einem hellen Rot, in guten Jahren auch rubinrot. Der bekömmliche Wein wird gerne zur deftigen Brotzeit genommen, passt aber auch gut zu einem Stück hellem Fleisch oder zu neutralem Frischkäse.

Regent: der Newcomer

Der Regent gehört zu den erfolgreichen Züchtungen, denen eine glänzende Zukunft vorhergesagt wird. Eine hohe Widerstandsfähigkeit gegenüber Winterfrösten lassen den Anbau auch in Rotweinrandlagen zu, die pilzresistente Sorte mag jedoch keine kalten, windigen Lagen. Die Erträge halten sich in Grenzen, entsprechend gehaltvoll fallen die Weine aus. Die moderaten Säurewerte lassen den Ausbau milder und samtiger Rotweine zu. Die Aromen von Kirschen oder Johannisbeeren erinnern an andere renommierte Rotweinsorten. Hochwertiges Lesegut wird auch im Barrique ausgebaut. Die Weine sind relativ früh trinkreif und begleiten je nach Qualität die herzhafte Vesperplatte ebenso gut wie intensiv schmeckende Fleischgerichte mit konzentrierten Saucen, eine Lammkeule, ein Ochsenschwanzragout oder ein Wildgericht.

WEINEMPFEHLUNG:
Erfrischung an heißen Sommertagen verspricht dieses Dessert, das auch zum Apero passt. Lemberger und Winzersekt – kirschiger Lemberger oder Trollinger sollten passen – werden in gekühltem Geschirr serviert. Insofern kann man, ganz schwäbisch, auf exquisite Weine mit komplexer Aromatik verzichten und soliden Qualitätswein und jungen Sekt wählen.

MELONENKALTSCHALE

ZUTATEN FÜR 4 PERSONEN:

1 kleine, reife Wassermelone, ¼ Honigmelone, 0,2 l Lemberger, 0,2 l roter Winzersekt, 1 Vanilleschote, 100 g Zucker, Saft und abgeriebene Schale von 1 Zitrone, 35 g Sago

ZUBEREITUNG:

- Die Wassermelone vierteln und von der Außenschale befreien. Kurz im Mixer verarbeiten und anschließend durch die „Flotte Lotte“ oder durch ein grobes Sieb passieren.
- Den Sago in etwas Wasser nach Packungsangabe kochen und gut abtropfen.
- Die Vanilleschote längs halbieren und das Mark herauskratzen.
- Den Rotwein mit dem Vanillemark und dem Zucker kurz erhitzen, dann das Sago dazugeben.
- Die durchpassierte Wassermelone in eine Schüssel geben, das Rotweingemisch dazugeben, den Zitronensaft und die Zitronenschale beifügen.
- Im Kühlschrank erkalten lassen und dabei ab und zu umrühren.
- Aus der Honigmelone Kugeln ausstechen, in die Suppe geben und unmittelbar vor dem Servieren den roten Sekt beigeben.
- Auch als Aperitif – mit etwas mehr Sekt – ein Genuss.

TIPP:
Kleine Warenkunde:
Echter Sago oder Palmsago = Mark der Sago-Palme
Tapiokasago = Mark des Maniokstrauchs
Deutscher Sago= Kartoffelstärke (häufig im Angebot und sehr preisgünstig)

WEINEMPFEHLUNG:
Rotkrautsalat mal festlich: mit dem Saft der Südfrüchte und des Weines getränkt, um süßsaure Beerenfrüchte einer- und Balsamico-Essig andererseits bereichert. Gesucht: ein Wein, der auch als Partywein zum finger-food Chicken Wings durchgeht. Etwa ein Trollinger, wenn spät gelesen. Besser noch die Cuvée aus Lemberger und Trollinger, wie sie allein aus württembergischen Weinkellern kommt.

CHICKEN WINGS AUF ROTKRAUTSALAT

ZUTATEN FÜR 4 PERSONEN:

800 g Chicken Wings, Salz, Pfeffer, Paprikapulver
Für den Rotkrautsalat: 1 kg Rotkohl, 0,5 l Trollinger, 0,5 l Hühnerbrühe, 200 g fein gewürfelte Schalotten, 140 g Butter, 100 g Gänseschmalz, 30 g Zucker, Saft und abgeriebene Schale von 3 Orangen und 2 Zitronen, 1 TL gemahlener Kümmel, 3 EL Preiselbeerkonfitüre, 3 EL Johannisbeergelee, 3 EL Balsamico-Essig, Salz, Pfeffer

ZUBEREITUNG:

- Das Rotkraut in feine Streifen schneiden.
- Für den Rotkrautsalat den Trollinger, die Hühnerbrühe, die Schalotten, den Zucker, Saft und Schalen der Zitrusfrüchte sowie die Gewürze, die Preiselbeerkonfitüre, das Johannisbeergelee und den Essig in eine große Schüssel geben und gut verrühren.
- Die fein geschnittenen Rotkrautstreifen dazugeben und gut vermischen, im Kühlschrank in einem geschlossenen Gefäß durchziehen lassen – möglichst über Nacht.
- Am nächsten Tag in einem großen Topf die Butter und das Gänseschmalz zerlaufen lassen, das Rotkraut samt der Brühe darüber geben und bis zur gewünschten Festigkeit einreduzieren. Danach abkühlen lassen.
- Den Backofen auf 200 °C vorheizen.
- Die Chicken Wings gut abwaschen und mit Küchenpapier trocken tupfen. Nach Belieben richtig scharf würzen, in Öl anbraten und im Backofen je nach Größe 10 - 15 Minuten garen.
- Die Chicken Wings sind fertig, wenn beim Anstechen mit einer Gabel klarer Fleischsaft austritt.
- Den Rotkrautsalat zusammen mit den Chicken Wings auf einer großen Platte anrichten.

TIPP:
Dieses Gericht sollte man im Kreis von Freunden genießen. Aber Vorsicht: Rechtzeitig genug Chicken Wings sichern!

WEINEMPFEHLUNG:
Gewöhnlich steht der Weinkenner schon beim Stichwort „Zartes Lammfilet“ auf der Kellertreppe, um den exquisiten, gut gereiften Rotwein in Spät- oder Auslesequalität zu holen. Und nun haben die süßen Feigen auch noch eine Nacht mit dem samtigen Frühburgunder verbracht. Letzterer gilt als exklusive Spezialität unter den Burgundern mit niedrigstem Ertrag. Mild und finessenreich – ein Festtagswein von der Ahr.

LAMMFILET MIT FRÜHBURGUNDER-FEIGEN UND SOMMERLICHEN BLATTSALATEN

ZUTATEN FÜR 4 PERSONEN:

8 Lammfilets, 150 g geschälter Sesam, 1 Knoblauchzehe, 12 reife kleine Feigen, 0,4 l Frühburgunder, 150 g Zucker, 8 Wacholderbeeren, 3 Lorbeerblätter, 4 Nelken, 1 längs halbierte Vanilleschote, 2 EL milder Balsamico-Essig, 4 EL Olivenöl, 1 EL Kartoffelstärke, Salz, Pfeffer, gewaschene und geputzte Blattsalate (Feldsalat, Rucola, Radicchio, Frisee, Kopfsalat, Lollo Bianco), Salz, Pfeffer

ZUBEREITUNG:

- Den Wein zusammen mit dem Zucker und den Gewürzen in einen Topf geben. 10 Minuten leicht kochen lassen, anschließend den Wein durch ein Sieb laufen lassen und zurück in den Topf geben.
- Die Feigen je nach Größe vierteln oder achteln.
- Den Sud nochmals kurz aufkochen und die Feigen dazugeben. Leicht mit etwas Kartoffelstärke abbinden und zum Schluss einen Spritzer sehr milden Balsamico hinzufügen. Im Kühlschrank durchziehen lassen – am besten über Nacht.
- Den Backofen auf 180 °C vorheizen.
- Die Lammfilets mit Küchenkrepp abtupfen, die Knoblauchzehe halbieren und die Filets damit einreiben und anschließend mit Salz und Pfeffer würzen.
- Den Sesam auf einen flachen Teller geben und die Filets darin wenden. Anschließend auf der Arbeitsplatte mit beiden Händen fest rollen, so dass der Sesam gut hält.
- Eine beschichtete Pfanne mit etwas Öl erhitzen und die Filets von allen Seiten gerade so kurz anbraten, dass der Sesam etwas bräunt. Danach die Lammfilets für 3 - 4 Minuten in den Backofen geben und rosa garen.
- Die Feigen in ihrem Sud langsam erwärmen.
- Aus 2 EL Balsamico-Essig und 4 EL Ölivenöl und etwas von dem Feigenfond eine Marinade rühren, über die Blattsalate geben und die lauwarmen Feigen darauf setzen.
- Die Lammfilets diagonal aufschneiden, so dass man den rosa Kern gut sieht und auf dem Salatbukett anrichten.
- Dazu passen Bratkartoffeln.

TIPP:
Die Lammfilets diagonal aufschneiden, so dass man den rosa Kern gut sieht und auf dem Saltbukett anrichten.

WEINEMPFEHLUNG:
Dies ist nicht die Stunde akademischer Weinfindung. Nur soviel: Räucherlachs mag Rotweine wie Spätburgunder oder Saint Laurent. Rot steht für die Liebe, Rosé mögen Verliebte. Plopp!

LACHS FÜR VERLIEBTE

ZUTATEN FÜR 2 PERSONEN:

150 gewürfelter Räucherlachs, 80 g Frischkäse, 1 EL Mayonnaise, 1 EL Butter, 2 EL Portugieser, 1 EL Zitronensaft, 1 TL gehackter Dill, Salz, Pfeffer, 30 Cracker, 10 g Kaviar

ZUBEREITUNG:

- Den Frischkäse zusammen mit der Mayonnaise, der Butter, dem Wein, dem Zitronensaft, dem Dill und den Gewürzen in der Küchenmaschine aufmixen, bis eine glatte Creme entsteht. Etwa 2/3 der Lachswürfelchen mit in den Mixer geben, den Rest danach vorsichtig unterheben.
- Die Lachscreme etwa 2 - 3 Stunden kaltstellen.
- Die Creme auf Cracker streichen oder durch eine Tülle spritzen und mit etwas Kaviar dekorieren.
- Auf einem Teller anrichten und die Liebste / den Liebsten damit füttern.

TIPP:
Die „verliebte“ Lachscreme schmeckt übrigens auch gut als Dipp für Staudensellerie oder Karotten.

WEINEMPFEHLUNG:
„Rot“ rufen die Einen, „weiß“ die Anderen. Beide haben Geschmack: Es korrespondieren Zimt, Vanille und Kirscharomen mit einem alkoholsüßen Regent oder Lemberger Rotwein aus dem Barrique. Und mit Karamel- und Mandelaromen betören edelsüße Weißweine, beispielsweise vom Ruländer. Bitte jeweils zwei Gläser für´s Gedeck.

POCHIERTE ROTWEINKIRSCHEN MIT KNUSPRIGEM MANDELKÖRBCHEN

ZUTATEN FÜR 4 PERSONEN:

4 Scheiben Filoteig, 200 g Sauerkirschen (im Glas ohne Stein), 0,2 l Regent, ½ Päckchen Vanillepudding, 1 Ei, 1 EL Butter, 4 EL Kirschwasser, 1 Messerspitze Zimt, 1 Vanillestange (längs halbiert), 80 g Zucker, 0,2 l Milch
Für die Mandelcreme: 50 g Butter, 50 g Puderzucker, 50 g gemahlene Mandeln, 1 Ei

ZUBEREITUNG:

- Von ½ Päckchen Vanillepudding und der Milch einen sehr dickflüssigen Pudding herstellen und beiseite stellen.
- Zucker in einem Topf karamellisieren. Wenn der Zucker goldbraun ist, die Butter dazugeben und unter Rühren schmelzen lassen.
- Mit dem Rotwein ablöschen, der Zucker muss vollständig gelöst sein. Die Vanilleschote auskratzen und das Mark sowie die ganze Vanilleschote beigeben.
- Das Kirschwasser und den Zimt dazugeben.
- Die Kirschen beifügen und die Flüssigkeit etwas einreduzieren lassen.
- Für die Mandelcreme alle Zutaten mit dem Zauberstab zu einer cremigen Masse verarbeiten.
- Die Filoteig- Scheiben ausbreiten, in der Mitte jeder Scheibe einen Esslöffel von der Mandelmasse verteilen, 1 - 2 Kirschen darauf geben und mit 1 TL Vanillepudding bedecken.
- Den Backofen auf 200 °C vorheizen.
- Die Teigblätter durch festes Andrücken verschließen.
- Die Teigtaschen bei 150 °C ca. 5 Minuten backen.
- Auf dem Puddingspiegel anrichten und mit den restlichen Kirschen garnieren.

TIPP:
Mit diesem Rezept lässt sich auch ein leckerer Strudel herstellen: Einfach statt des Filoteigs Strudelteig benutzen und einen ganzen Strudel backen.

KARTOFFELPLÄTZCHEN

ZUTATEN:

400 g mehlig kochende Kartoffeln (geschält), 6 Eigelb, 1 Ei, 1 TL gehackter Knoblauch, je 1 EL gehackte Petersilie und Kerbel, 50 g klein gewürfelter, ausgelassener Speck, 30 g flüssige Butter, 150 g Kartoffelstärke, etwas Kartoffelstärke für's Blech, Salz, Pfeffer, Muskat

ZUBEREITUNG:

- Die Kartoffeln in möglichst wenig Salzwasser weich kochen, abschütten und ausdampfen lassen. Nach und nach in die Kartoffelpresse geben und durchdrücken.
- Alle Zutaten – außer den Eiern – beigeben und mit den Händen (am besten mit Gummihandschuhen) in den Kartoffelschnee einarbeiten. Nicht mit dem Handrührgerät, da sonst zuviel Kartoffelstärke und Eiweiße gelöst werden und die Masse leimig wird.
- Nach leichtem Abkühlen die Eigelbe und das Ei zügig einarbeiten und die Masse zu Rollen von ca. 5 cm Durchmesser formen. Die Teigrollen für ca. 1 Stunde auf ein mit Kartoffelstärke gemehltes Blech legen, so dass sie kein Wasser ziehen.
- Wenn die Plätzchenrollen schön fest sind, werden sie in fingerdicke Scheiben geschnitten und langsam goldgelb in Butter gebraten.

POLENTA

ZUTATEN:

125 g Polenta-Grieß, 80 g Butter, 1 fein gewürfelte Zwiebel, 0,6 l Hühnerbrühe, 80 g junger geriebener Parmesankäse, 1 EL Olivenöl, Butter für's Blech

ZUBEREITUNG:

- Ein Backblech gut ausbuttern.
- In einem Topf die Zwiebelwürfel in Butter anschwitzen, den Grieß dazugeben und etwa 1 Minute anrösten.
- Die Hühnerbrühe hinzufügen und bei mittlerer Hitze 8 - 10 Minuten unter ständigem Rühren garen. Am Topfboden wird sich ein Belag bilden; das ist erwünscht (allerdings sollte dieser ein sehr helles Braun haben).
- Den Parmesan hinzugeben und nochmals 1 Minute unter ständigem Rühren weiter garen.
- Die fertige Polenta auf das gebutterte Backblech geben und mit einem nassen Teigschaber zügig auf ca. 2 - 3 cm Dicke verstreichen
- Im Kühlschrank abkühlen lassen. Sobald die Polenta richtig kalt ist, stürzen (ggf. Blechrückseite kurz unter heißes Wasser halten). In Vierecke oder Rauten schneiden.
- Den Backofen auf 180 °C vorheizen.
- Eine beschichtete Pfanne mit etwas Olivenöl erhitzen, die Polenta einlegen und langsam goldbraun braten
- Ein Backblech mit Backpapier bereithalten und die Polenta zum Schluss für etwa 4 Minuten in den Ofen geben.

SCHUPFNUDELN

ZUTATEN:

250 g fest kochende Kartoffeln, 2 Eier, 150 g Mehl, Salz, Muskat, Butter zum Braten

ZUBEREITUNG:

- Die Kartoffeln kochen, abschütten und schälen.
- Die noch heißen Kartoffeln durch die Kartoffelpresse drücken, mit dem Mehl und den Eiern vermischen, die Gewürze dazu geben und zügig zu einem geschmeidigen Teig verarbeiten.
- Einen Topf mit Salzwasser aufstellen.
- Auf einer gemehlten Arbeitsfläche den Teig erst zu kleinen Stangen rollen (mit dem Handballen geht es am besten), dann in ca. 5 cm lange Stücke schneiden und die Ende mit den Fingern spitz formen.
- Die Schupfnudeln nun in das kochende Salzwasser geben und einmal kurz aufkochen. In kaltem Wasser abschrecken und auf einen leicht geölten Teller legen.
- Kurz vor dem Servieren in etwas Butter von allen Seiten goldbraun braten, wenn nötig etwas nachwürzen.

REBKNÖSPCHEN

ZUTATEN:

4 Eier, 150 g Mehl, 8 Scheiben Toast, 1 große gewürfelte Zwiebel, 1 Bund Blattpetersilie, 100 g Butter, Salz, Pfeffer, Muskat

ZUBEREITUNG:

- Aus den Eiern und dem Mehl einen sehr festen Teig herstellen.
- Die Toastbrotscheiben in Würfel schneiden und mit der Hälfte der Butter in der Pfanne goldbraun und knusprig rösten.
- Die Blattpetersilie abzupfen, waschen und trockenschleudern. Anschließend zusammen mit den Zwiebelwürfeln und der übrigen Butter farblos anschwitzen und danach mit den Gewürzen abschmecken.
- Einen großen Topf mit Salzwasser erhitzen.
- Die Toastbrotwürfel und die Zwiebel-Petersilien-Mischung zusammenfügen und durch den Fleischwolf drehen.
- Dem Teig aus Eiern und Mehl unterarbeiten.
- Die Masse mit Hilfe von 2 Teelöffeln zu Nocken formen und sofort ins Salzwasser geben.
- Leicht sieden lassen – sie sind fertig, wenn sie oben schwimmen.
- Herausnehmen und kurz im kalten Wasser abschrecken .
- Vor dem Servieren in etwas Butter goldbraun braten.

HÜHNERBRÜHE

ZUTATEN:

1 ganzes Huhn mit Innereien und Hals (in Stücke geschnitten), 2 grob zerkleinerte Karotten, 0,5 l Weißwein, Wasser, 1 gewürfelte Zwiebel, 1 in Scheiben geschnittene Lauchstange, 8 Lorbeerblätter, 12 leicht zerdrückte Wacholderbeeren, 6 Nelken, 4 Zweige Thymian, 4 Petersilienstängel, 2 Knoblauchzehen, 1 TL Kreuzkümmel, 1 Handvoll Salz, etwas Pfeffer

ZUBEREITUNG:

- Das Huhn waschen, mit Küchenpapier abtrocknen und in Stücke schneiden, damit es beim Kochen besser auslaugt.
- Arbeitsfläche gründlich säubern, Vorsicht Salmonellen!!!!
- In einem großen Topf das Huhn in soviel kaltes Wasser legen, dass es gut bedeckt ist und ½ Stunde leicht köcheln lassen.
- Den Schaum, der sich auf dem Wasser gebildet hat, mit einer Schöpfkelle entfernen.
- Alle restlichen Zutaten dazugeben und mit dem Weißwein aufgießen. Mit Salz und Pfeffer würzen und etwa eine weitere Stunde köcheln lassen.
- Die Brühe absieben, wenn nötig etwas entfetten, siehe „Tipp" auf Seite 53. Noch besser ist es, sie über Nacht kalt werden zu lassen und am nächsten Morgen einfach den erstarrten Fettdeckel abzuheben.
- Portionsweise einfrieren, z.B. im Eiswürfelbeutel oder in kleinen Dosen, und bei Bedarf verwenden.

FISCHFOND

ZUTATEN:

1 kg gewässerte Fischgräten (Karkassen von Weißfischen, z.B. Steinbutt, Zander, Scholle, Seezunge, St. Petersfisch), 2 l trockener Weißwein, 1 l kaltes Wasser, 4 El Butter, 6 grob zerkleinerte Schalotten, 4 Knoblauchzehen, 3 in Scheiben geschnittene Lauchstangen, 3 Stängel grob zerkleinerte Petersilienwurzel, 1 Stange Staudensellerie, Saft und abgeriebene Schale von 1 Zitrone, 5 Lorbeerblätter, 6 Thymian Stengel, 1 TL weiße (leicht zerdrückte) Pfefferkörner

ZUBEREITUNG:

- In einem großen Topf die Butter schmelzen, die Fischgräten dazugeben und leicht anschwitzen.
- Alle anderen festen Zutaten beifügen und zusammen farblos anschwitzen.
- Mit dem Wasser auffüllen und langsam aufkochen.
- Mit der Schöpfkelle den gebildeten Schaum abschöpfen, sonst wird der Fond trübe.
- Den Weißwein dazu geben und den Fond 25 Minuten leicht sieden lassen.
- Den fertigen Fond nun sehr vorsichtig durch ein Sieb passieren, die im Sieb bleibenden festen Teile nicht ausdrücken.
- Den Fischfond nicht würzen, da er seine weitere Verwendung in Gerichten findet, die selbst noch gewürzt werden.
- Der Fond kann problemlos zur Vorratshaltung eingefroren werden kann.

BASILIKUM PESTO

ZUTATEN:

100 g gewaschene und geschleuderte Basilikumblätter, 4 Knoblauchzehen, 20 g geröstete Pinienkerne, 30 g junger Parmesan, etwas Blattpetersilie, etwas frische Minze, Salz, Pfeffer, Olivenöl

ZUBEREITUNG:

- Alle Zutaten in einen Mixer geben und etwas Olivenöl einlaufen lassen.
- So lange Olivenöl dazu geben, bis das Pesto die gewünschte sämige Konsistenz hat.
- Vorsicht: Den Mixer nicht zu lange laufen lassen, das Pesto wird sonst schwarz.
- Das Pesto hält sich in einem Glas – mit einem Ölspiegel bedeckt – im Kühlschrank mehrere Wochen.

KRÄUTER & WEIN

Zu jedem Wein ist das richtige Kraut gewachsen – und umgekehrt.
Mancher Wein entfaltet ganz neue Nuancen des Geschmacks, wenn er die Liaison mit Kräutern eingeht.
Kräuter wiederum nutzen gern die Aromen, den Alkohol und die Säure im Wein, um ihren Geschmack voll zu entfalten und blühen erst in dieser Partnerschaft richtig auf.
Wie immer gilt: Selbst probieren ist noch besser als das beste Rezept. Denn das Probieren bringt den Genuss schon auf dem Weg zum Ziel.

PETERSILIE

Schon die alten Griechen kannten sie. Und die Römer selbstverständlich auch. Zwischenzeitlich fast vergessen, erlangte die Petersilie im 16. Jahrhundert wieder an Geltung. Heute ist der aus der östlichen Mittelmeerregion stammende Doldenblütler ein Standardgewürz.
Manchmal glatt, manchmal kraus – egal mit welcher „Frisur" sie daherkommt: Sie ist ein Alleskönner in der Küche. Etwas süßlich duftend und würzig schmeckend macht sie Suppen, Salate, Eintöpfe und Saucen zu einem Genuss.
Die Blätter enthalten Vitamine, Eisen, Magnesium und vieles mehr. Nach einem opulenten Essen roh gekaut, vertreibt sie sogar den Geruch von Knoblauch.
Mit Wein verträgt sich Petersilie gut, da sich ihr Aroma nie aufdrängt. Frische graue Burgunder oder auch leichte Rieslinge unterstreichen ihre eigene, feine Art.

BASILIKUM

Bereits vor 4000 Jahren wurde Basilikum in Indien als Gewürz verwendet – dort war man der Überzeugung, dass es mit Göttlichkeit getränkt sei. Über Persien gelangte Basilikum ins Mittelmeergebiet. In Europa kennt man es erst seit rund 800 Jahren, aber nicht nur in der mediterranen Küche hat das Basilikum ein fein-pfeffriges Wörtchen mitzureden. Auch hierzulande hat es die Herzen im Sturm erobert. Die ätherischen Öle und Gerbstoffe unterstützen nicht nur die Fettverbrennung, sondern erschliessen in Partnerschaft mit einem leichten frischen Weißwein wie z.B. einem Riesling Kabinett ein wunderbar mediterranes Aroma. Übrigens: Im Mittelalter galt ein überreichtes Sträußchen Basilikum als Aufforderung zum Liebesspiel.

KERBEL

Der Kerbel ist ursprünglich im Kaukasus und in Südrussland beheimatet. Später gelangte er ins Mittelmeergebiet und kam von dort aus im frühen Mittelalter nach Mitteleuropa.
Wie alle Doldenblütler enthält die gesamte Pflanze viel ätherisches Öl. Die Blätter enthalten zusätzlich die Vitamine A und C und Mineralien. Sehr empfindlich gegen Hitze möchte der Kerbel gern erst kurz vor dem Servieren Bekanntschaft mit dem Essen machen. Bei der Begegnung mit Wein ist er ebenso anspruchsvoll: Er schätzt die feine Konversation mit einem Weißburgunder oder einem Silvaner.

SCHNITTLAUCH

Frisches Grün, reichlich Vitamine B und C und ein feines Zwiebelaroma: Diese Eigenschaften machen ihn zu einem gern gesehenen Gast in der Küche. Schnittlauch stammt wahrscheinlich aus dem Mittelmeerraum, kommt aber auch an unseren Flußufern gelegentlich wild vor. Natürlich kannten bereits die Römer eine grüne Soße mit Schnittlauch zu Eiern und zu gekochtem Fleisch. Und im Mittelalter wurde von Karl dem Großen der Anbau von Schnittlauch in den Kräutergärten sogar befohlen. Schnittlauch gehört zusammen mit dem Porree und der Zwiebel zur Familie der Liliengewächse. Zu seinem dezenten Zwiebelgeschmack passen milde Weißweine mit geringer Säure, z.B. Silvaner oder Rivaner.
Übrigens: Die rosaroten Blüten sind sehr schön und essbar.

DIE KÖCHIN

Die Traube in Tonbach, der Königshof in München, das Marinas in Hamburg, der Deidesheimer Hof in der Pfalz: Was sich liest wie die Charts der besten Restaurants in Deutschland, ist vielmehr eine Aufzählung der Wirkungsstätten von Patricia Faißt. Aufgewachsen im elterlichen Betrieb, dem Hotel- Restaurant „Alter Vater Rhein" in Nierstein, wollte sie zunächst vom Kochen gar nichts wissen. Aber vom Virus Küche erst einmal infiziert, suchte sie nicht Mittelmaß, sondern fand, das Beste sei gerade gut genug. Nach einem Gastspiel in den USA kehrte sie zurück zu den Wurzeln und löste Vater Lothar in der Küche ab. Heute ist sie dort die Chefin, unterstützt von Mutter Marlene, die sich charmant und gekonnt um die Gäste kümmert. Der Papa fungiert als guter Geist des Hauses und springt als versierter Koch immer mal wieder ein, wenn es eng wird. Dieses Zusammenspiel der Familie bedeutet für den Gast „ankommen und sich wohl fühlen" und als ein Freund der Familie willkommen zu sein.

Die Karte lockt Gourmets von nah und fern ebenso wie die vielen einheimischen Stammgäste. Regionale Gerichte, moderat modernisiert und immer mal wieder etwas „Verrücktes" – für Überraschungen ist allzeit gesorgt. Patricias Küche ist ehrlich, paart Bodenständigkeit mit Raffinesse und macht glücklich. Die Weinauswahl spiegelt das Who is Who der regionalen und überregionalen Winzer wider und zeugt von intelligentem Geschmack.

Hotel-Restaurant
Alter Vater Rhein
Große Fischergasse 4
55283 Nierstein

Tel. 06133/ 5628
Fax 06133/ 5440
e-mail: hotel@alter-vater-rhein.de
www.alter-vater-rhein.de

Ruhetag: Donnerstag

DER FOTOGRAF

Keiner hatte ihn vorgewarnt: Eigentlich auf Diät, kam Thomas Hartmann, Jahrgang 55, an den leckeren Rezepten von Patricia einfach nicht vorbei. Alles und jedes musste probiert und verkostet werden, um das richtige fotografische Feeling zu erzeugen. Dass der Chef von Hartmann-Fotodesign aus Taunusstein sein Handwerk technisch perfekt beherrscht, stand außer Frage – schließlich ist er seit 1985 selbständig und hat seitdem viele Menschen, Getränke, Landschaften und Essen in Szene gesetzt. Liebenswert überraschend waren sein Respekt vor den Leistungen der Küche, seine Detailversessenheit und sein „Adlerblick" für jedes falsch liegende Sesamkörnchen und jedes noch fehlende Schnittlauchröllchen. Ehrensache, dass jedes Gericht frisch zubereitet abgelichtet und danach mit großem Genuss vom gesamten Team verspeist wurde.

DIE BUCHMACHER

Margit Kopf, 4ma für Multimedia GmbH: Layout und Satz

Petra Abele, Project Office: Konzept und Redaktion

Thomas Köhr: Weinempfehlungen

REGISTER

SUPPEN

VORSPEISEN

FLEISCHGERICHTE

FISCHGERICHTE

DESSERTS

SELECTION

IMPRESSUM

Text- und Bildnachweis:
Deutsches Weininstitut
Gutenbergplatz 3 - 5
55116 Mainz

Konzept und Redaktion:
Project Office, Dexheim

Gestaltung und Satz:
4ma für Multimedia GmbH, Oppenheim

Fotografie:
Hartmann Fotodesign, Taunusstein

Druck:
Kunze & Partner, Mainz

Printed in Germany